바르도에서 닦지 않고 해탈하는 법

딱돌해설서

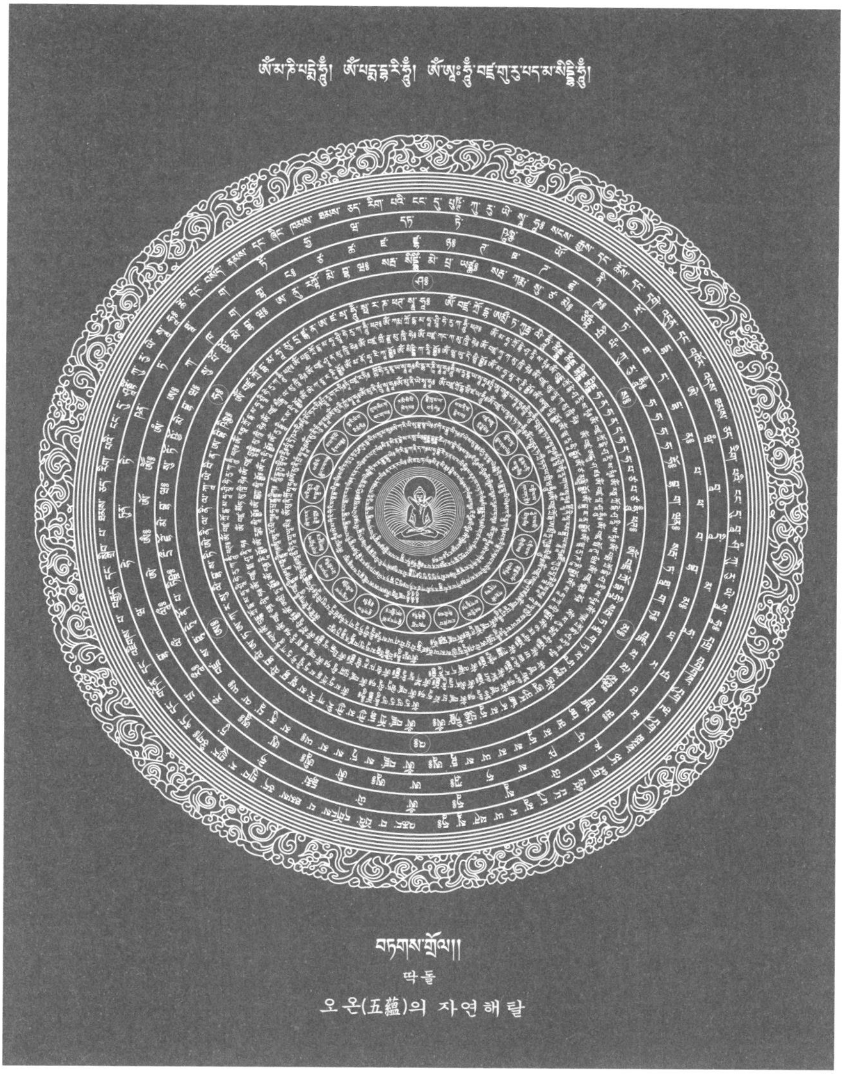

서문

딱돌(몸에 걸침을 통한 오온의 자연해탈)은 본래 티베트 불교에서 가장 오래된 종파인 닝마빠(舊密)에 전승되는 족첸(大圓滿) 딴뜨라에 속하는 여러 경전들에 가운데 설해진 것으로, 예를 들면, 닌다카조르(日 月相合續)와 툭쌍와첸뽀(諸佛大密心續) 등을 비롯한 많은 경전들과 롱첸랍잠쑹붐(隆欽绕隆智表威賽文集 5/26권)에 실려 있는 6가지 딱돌의 경전을 들 수가 있다.

특히 지존하신 구루 빠드마쌈바와(蓮花生)께서 말세 중생들의 이익을 위해서 바르도퇴돌(중유에서 들음을 통한 대해탈)을 구술하실 때, 위에서 언급한 많은 경전들 속에 설해진 딱돌의 법문들을 하나로 취합하신 뒤, 부처님의 의취에 맞게 잘 편찬해서 바르도퇴돌의 한 품(品)으로 편입해서 강설하시자, 그 때부터 소수의 뛰어난 출가수행자와 불자들에게 알려지게 되었다.

그 후 500년이 지나서 마하구루의 예언대로 복장대사 까르마·링빠(Karma gliṅ pa)께서 서기 1328년에 감뽀다르(sGam po gdar) 설산에 은닉되어 있던 바르도퇴돌의 원본을 발굴하면서 티베트 전역에 널리 전파되기 시작한 이래 오늘날까지 티베트 불자들 사이에서 단절됨이 없이 수지·독송되어 오고 있다. 그러다가 20세기에 들어와서 티베트 불교가 세계적으로 널리 전파되는 계기를 맞이해서, 오늘날에는 한국불자님들 가운데도 적지 않은 이들이 딱돌을 알게 되었고 또한 그것을 수지·독송할 뿐만 아니라 사경하는 아름다운 풍조도 조금씩 생겨나고 있다.

또 한편 이 딱돌의 법문을 바르도퇴돌과 함께 현대의 불자들이 극히 소중하게 여겨야 하는 이유가 있으니, 그것은 오탁악세에 살면서 생사윤회의 해탈을 추구하는 말세의 불자들에게는 한 줄기의 구원의 빛이자, 구원의 메시지와 같은 것이기 때문이다. 왜냐하면, 일찍이 구루 빠드마쌈바와(蓮花生)께서, "단지 들음을 통해서 바르도에서 해탈하는 법은 닦아도 깨닫기 힘든 미래의 유정들을 위한 법으로 비장토록 하라. 현재는 스승도 훌륭하고 제자도 뛰어난 좋은 시절로서 힘써 닦아 해탈하는 때이다"라고 말씀하시고, 또한 "이 묘법을 감뽀다르(sGam po gdar) 설산 자락에 은닉토록 하라. 미래세에 중생들에게 커다란 이익이 있게 된다"라고 하셨듯이, 닦아도 성취가 어렵고 마장이 극심해서 올바로 닦기조차 어려운 이 혼탁한 시절에 오로지 정결한 믿음과 확신으로 이 법을 수지·독송하고, 단지 몸에 걸치고, 단지 듣고 접촉하고, 단지 숨결이 닿는 것만을 통해서 바르도의 상태에서 해탈케 하는 결코 없어서는 안 되는 불보살님의 호념과 가피에 의한 해탈법이기 때문이다. 비록 생시에 밀교의 관정 또는 생기차제와 원만차제를 닦고 닦지 않음을 묻지 않고, 누구나 이 법을 진실로 믿고 임종시에 바르게 실천하면 바르도의 상태에서 반드시 해탈하게 되는 비공통의 심오한 법이기 때문이다.

이와 같이 매우 소중한 딱돌의 법을 바르도퇴돌의 가르침과 함께 한국불자님들께 널리 전파시키기 위해서, 이번에 온양의 대안사 덕진 스님과 삼척의 강 창희 거사님께서 함께 힘을 모아 딱돌을 인쇄하고 향낭에 넣어서 여법하게 출판하려고 발원하시고, 서울에 사시는 지현 보살님 가족께서는 딱돌 만다라를 인쇄할 수 있는 원단을 보시해 주셨습니다. 이러한 고귀한 발원의 공덕으로 본인들은 물론 이 책을 만나는 모든 불자님들이 누구나 빠짐없이 죽음의 공포와 두려움을 극복한 뒤, 성무착(聖無着)보살님께서, "부처님께서 크게 호념하시고, 큰 환희 속에 머물면서 죽음을 맞이한다"고 계품(戒品)에서 설하신 대로, 이생의 삶과 죽음의 둘이 모두 기쁘고 행복할 뿐만 아니라 불보살님의 축복과 지존하신 마하구루의 호념과 가피가 넘치는 행운이 함께 하시길 간절히 기원합니다.

끝으로 저 또한 이러한 고귀한 원심에 수희하고 동참하는 마음으로 딱돌(몸에 걸침을 통한 오온의 자연해탈)에 대한 경전의 전거를 밝혀서 그간 딱돌에 대한 의심과 불확실성을 불식하고, 딱돌을 수지하고 독송하는 광대무변한 공덕을 확립시켜서, 구루 빠드마쌈바와(蓮花生)님과 제불보살님들의 고귀한 자비와 지혜의 법등이 무명과 사견의 어두움을 쓸어버리고, 해탈의 길을 영겁토록 밝혀주는 법연이 되어 주길 간절히 염원하면서 서문을 쓴다. 길상원만!

2019년 5월 12일 부처님 오신 날에

양라쉬의 들꽃산방에서 중암 합장

Block print of a representation of Padmasaṃbhava (VIII cent.)

차 례

1장

딱돌의 개요

단지 몸에 지니는 것을 통해서 해탈하는 법인 딱돌(bTags grol) 가르침을 바르게 이해하기 위해서 경문에 설해진 법문을 요약해서 설명하면, ① 딱돌의 유래 ② 딱돌의 비장목적 ③ 딱돌의 성립근거 ④ 딱돌의 심오한 의미 ⑤ 딱돌의 전승법계 ⑥ 딱돌을 수지·독송하는 공덕 ⑦ 딱돌을 그리고 지니는 법 ⑧ 딱돌을 독송하는 때 ⑨ 유수성불(有修成佛)과 무수성불(無修成佛) 길의 아홉 가지이다.

1. 딱돌의 유래

일반적으로 닦지 않고 성불하는 무수성불(無修成佛)의 법을 설하는 딱돌의 가르침과 특별히 딱돌의 진언이 집성되어 실려 있는 바르도퇴돌의 가르침은, 그 출처와 유래 등의 역사가 제대로 알려지지 않은 탓에, 지금까지는 딱돌의 가르침을 제대로 이해하는 불자들이 티베트를 제외하고서는 거의 없다시피 한 까닭에, 일부 불자들 사이에서 비불설의 교설로 치부되거나 또는 후대 티베트에서 만들어진 위경으로 의심하는 사례까지 있는 실정이기도 하다.

이제 딱돌의 출처와 유래 등과 함께 바르도퇴돌의 가르침이 비장된 사연을 소상하게 서술해서 딱돌의 가르침에 대한 그릇된 의심과 편견 등을 불식하고 딱돌의 심오한 교법에 견고한 믿음을 확립코자 한다.

앞의 서문에서도 잠시 언급하였지만 딱돌의 가르침은 구루 빠드마쌈바와(蓮花生)께서 가설의 방편으로 설한 것이 아니라, 티베트 닝마빠(舊派)에 전승되는 족첸(大圓滿) 딴뜨라에 속하는 경전들인 닌다카조르(日月相合續)와 툭쌍와첸뽀(諸佛大密心續)와 쌍왜딥빠꾀빼싸뵌(秘密障碍斷滅種子續) 등을 비롯한 많은 경전들과 특히 롱첸랍잠쑹붐(隆欽绕隆智表威賽文集 5/26권)에 실려 있는 6가지 딱돌의 경전들이 있다. 이것들은 범어가 아닌 오디야나(Oḍḍiyāna, 飛行國) 언어에서 역출된 것으로 그 전체가 불과 10페이지 정도에 불과할지라도, 여기에는 설법자와 청문자, 설법의 본의가 분명하게 나타나 있어서 의심할 바가 없다. 그 여섯 가지 짧은 경전은 ① 딱돌닝뽀귀(bTags grol sñiṅ poḥi rgyud, 身繫解脫精髓續)와 ② 찍쎼꾼돌기귀

(gCig śes kun grol gyi rgyud, 一通全知解脫續)와 ③ 양띡쎄르기두찍빼귀(Yaṅ tig gser gyi ḥbru gcig paḥi rgyud, 精要金一顆續)와 ④ 쌔찍싸뵌기귀(Sras gcig sa bon gyi rgyud, 獨子種子續)와 ⑤ 랑중릭빼귀(Raṅ byuṅ rig paḥi rgyud, 自生覺性續)와 ⑥ 대부용족첸뽀귀(ḥBras bu yoṅs rdzogs chen poḥi rgyud, 佛果圓滿具足大續)이다. 이들 책에는 이들 각각을 주해한 주석서가 달려 있을 뿐만 아니라, 딱돌의 의미를 해설하는 딱돌된티(bTags grol don khrid)도 수록되어 있고, 특히 말미의 후기에는 "화신의 가랍도제(極喜金剛, dGaḥ rab rdo rje)가 미래의 법연자를 인도하기 위해서, 딴뜨라와 구결의 뜻을 거두어 모은 뒤, 딱돌된티(bTags grol don khrid)를 저술하였다. 이것을 은혜로운 쓰리씽하(吉祥獅子, Śrisiṅha)께서 나 오디야나(Oḍḍiyāna)의 빠드마쌈바와(蓮花生)에게 부촉하였으며, 예시초갤(智海王, Ye śes mtsho rgyal)이 마음속에 간직하였다. 지금은 열어보일 시절이 아니므로 나의 심장과 같은 이것을 후대를 위해서 비장한다. 법연을 타고난 선근자와 만나지이다! 그것에 의해서 모든 중생들의

무명의 어두움이 멸하여 지이다!"라고 함으로써, 이 딱돌은 티베트 땅에서 만들어진 것이 아니라 족첸(大圓滿) 딴뜨라가 유행하였던 인도 땅에서부터 시작한 것임을 알 수가 있다.

또한 일월상합속(日月相合續)의 기속서품(起續序品)에서도 설하길,[1] "이것을 단지 받아 지니는 것으로써 닦음이 없이 선정이 도달하고, 학습이 없이도 법들을 이해하고, 설시(說示)하지 않은 구결에 익숙하고, 강설하지 않은 딴뜨라들을 저절로 알고, 생기하지 않은 신(神)들이 또한 미리 나타난다. 그러므로 이들 딴뜨라를 큰 선근을 지닌 어떤 유가행자가 받아 지님으로써 성취를 얻는다. 붓다의 사업을 자임(自任)하고, 악도의 처소를 파괴하고, 대락(大樂)의 길로 들여 놓는다. 자기의 광경(光景)에 친숙하여 큰 확신을 얻은 뒤, 법계에 유희하되 두려움이 없음을 얻는다. 비밀이며 큰 비밀이며 위없는 비밀이며, 결정적

1) 닝마귄붐(舊密十萬續, Na pa), p. 503-504. 참닥괸빠(mTsham brag dgon pa)의 목판 영인본, Butan.

정수이자 구극(究極)의 비밀인 이것이 어떤 이에게 출현하면, 그 사람은 삼세의 붓다들이 머무는 관정을 또한 얻는다”라고 함으로써, 이 딱돌의 설법자와 목적 그리고 수지·독송하는 공덕의 유래 등에 대해서 분명히 설함으로써 어떠한 의심도 일으킬 여지가 없는 것이다.

2. 딱돌의 비장(祕藏)목적

불교에서 경전 등을 비장(秘藏)하는 풍조는 보통 알고 있듯이 티베트에서 새로 생긴 전통이 아니라 이미 인도 땅에서도 행해졌던 풍습의 연장이며, 단지 8세기 초반 티베트에 인도불교가 본격적으로 유입되던 시기의 티베트의 역사 상황에 의거해서 그러한 풍조가 심화되었고, 그것을 주도한 인물은 구루 빠드마쌈바와(蓮花生)이다. 특히 비장문헌들은 밀교의 전적들이 주류를 이루는 바 이것은 그 당시 티베트의 불교현실이 현교의 심오한 교리적 기반 위에서 전개되는 밀교의 성유가(性瑜伽)의 실천을 수용할 수 있는 여건이 조성되지 않은 탓에 현밀의 교학이 성숙되는 후세를 기다리기 위한 것과 다른 한편으로는 머지않아 발생하는 랑다르마(Glaṅ dar ma, 836-841년 재위) 왕의 파불사태(破佛事態)에 대비하기 위해서 비장된 것이라 할 수 있다.

이러한 사실은 빼중남타르이끼뮌셀(蓮花生傳記滅暗解愚)에서,[2)] "또한 폭군 랑다르마(Glaṅ dar ma) 왕이 불교를 파괴하는 것을 미리 아신 뒤, 미래의 선근자들의 이익을 위해서 비장성물을 숨기니, '야톡링모(劫初長時)와 마톡링모(劫末長時)와 쿡빠쬡개(十八增減劫)의 괴로운 중생들을 살펴보시고, 오원만(五圓滿)을 갖춘 비장성물을 비장물의 근본이 뒤섞임이 없이 네 종류로 분류하니, 조복장(祖伏藏, Me gter)과 부복장(父伏藏, Pha gter), 자손복장(子孫伏藏, dBon gter)과

2) 빼중남타르이끼뮌셀(蓮花生傳記滅暗解愚), pp.124-125. Sog zlog blo gros rgyal mtshan, Cho chod Publication, 2005, New Delhi, India.

증손복장(曾孫伏藏, Yaṅ gter)이며, 각각은 또한 18개로 분류하고, 18개는 각각 오원만(五圓滿)으로서 열어 보인다. 복장인(伏藏印, gTer rgya)! 은익인(隱匿印, sBas rgya)! 심오인(深奧印, Zab rgya)! 비밀인(秘密印, gSaṅ rgya)! 부촉인(咐囑印, gTad rgya)!"이라고 설한 것을 통해서 알 수가 있다.

또한 미래의 유정들의 이익을 위해서 비장한 사실을 칸도예시초걜남타르(空行母智海王傳記)[딱쌈도제 발굴, 성도: 민족출판사]에서 설하되, "구루 린뽀체께서, '훌륭하고 훌륭합니다! 왕자이시여!'라고 말씀하신 뒤, 예언하시길, '서원이 청정하고 까르마가 청정하며, 믿음을 갖추고, 서언을 지키는 쎄나렉찡왼(Sad na legs mjiṅ yon)[티쏭데우짼 법왕의 4째 아들]이여! 지금부터 일곱 생을 지난 뒤에는, 업보의 몸을 받지 않고 화신으로 교화하고, 삼세의 부처님들의 마음과 같아지고, 그 뒤 한 겁(劫)을 지나서, 성광불(星光佛, sKar ma ḥod)로 성불한다'고 하신 뒤, 본존을 신속하게 성취하게 하는 청정한 만다라의 문을 연 뒤, [바르도퇴돌첸모(Bar do thos grol chen mo)가 수록되어 있는 모본인] '쌉최시토공빠랑돌(적정과 분노존의 밀의(密意)를 통한 자연해탈)'의 수승한 가르침을 수여한 뒤 성숙해탈의 길로 인도하였다. 또 말씀하시길, '이 묘법을 닥뽀다르(Dvags po dar)[감뽀다르(sGam po dar)] 설산 자락에 은익토록 하라! 미래세에 중생들에게 커다란 이익이 있게 된다'고 하였다" 라고 함으로써, 딱돌이 수록되어 있는 바르도퇴돌첸모(Bar do thos grol chen mo)가 후세에 위작된 것이 아니라, 구루 빠드마쌈바와(蓮花生)께서 직접 미래의 유정들의 이익을 위해서 비장한 것으로 그 어떤 의심도 있을 수가 없는 것이다.

그 뿐만 아니라, 구루 빠드마쌈바와(蓮花生)께서 이것을 비장함과 동시에 또 후세에 이것을 찾아내는 복장대사(伏藏大師)를 예언하시니, 19세기에 저술된 구루따시(Guru bkra śis)의 구따이최중(구따佛教史)[중국 장학출판사, 1990]에서는 다음과 같이 설하였다.

"랑떼르(Raṅ gter)에서, '이 심오한 쌉최시토공빠랑돌(靜猛密意自然解脫)을 널리 전파시키기 위하여 진귀한 비장물(秘藏物)로 감추도록 하라. 에 마! 이 비장경전을 발굴하는 축복받은 선남자는, 훤칠한 키에 피부는 희고, 분노하는 모습에 침묵한다. 때로는 분노하고 때로는 어리석은 자와 같고, 때로는 천진한 어린아이 모습과 같다. 다끼니와 천신이 융합한 선근자는 큰 믿음에 반야의 혜근이 날카롭고, 무념과 무집착에 위라(勇士)의 위용을 갖추고, 무진(戊辰, 1328)과 기사(己巳, 1329)의 연간에 길상(吉祥)이란 이름을 갖고 태어난다. 그는 역경사 쪽로·루이걜챈(龍幢)의 화신이다'라고 하였다.

또한, '인간의 수명이 오십을 넘지 못하는 말세에는, 이와 같은 가르침을 받지 못한 사람들은 전부 악취에 떨어짐이 자명하다. 그러므로 탁세의 유정들의 이익을 위해, 글자로 기록하여 감뽀다르(sGam po dar) 설산에 은닉하라. 그때 심장과 같이 소중하고 뛰어난 법의 아들이, 성취자 닌다(Ñi dzla, 日月)의 이름을 가진 아버지의 아들로 태어난다.

까르마 링빠(Karma gliṅ pa, 1326-?)라 부르는 이 비범한 자의 오른쪽 허벅지에는 지혜의 눈과 같은 검은 반점이 박혀있다. 무진(戊辰)과 기사(己巳)에 태어나는 갈마부에 속하는 위라(勇士)인, 그 선근자와 [이 비장법보가] 서로 만나지이다'라고 설한 바와 같이, 까르마 링빠는 중앙 티베트의 닥뽀(Dvags po) 지방의 뙤케르둡(sTod khyer grub)에서 역시 떼르뙨(伏藏大師)이자 아버지인 125세의 닌다쌍개(日月佛)의 여럿 자식들 가운데 장남으로 출생하였다.

그의 나이 15세가 되던 해에 예언과 기연이 합치하면서, 감뽀다르(sGam po dar)라 불리는, 마치 천녀가 춤을 추는 것과 같은 설산에서 쌉최시토공빠랑돌(靜猛密意自然解脫)의 비장법보들을 발굴하였다. 그리고 빼마시토공빠랑돌(蓮花靜猛密意自然解脫) 등도 역시 발굴하여 모셨다."

3. 바르도퇴돌의 딱돌의 성립근거

오늘날 우리들이 일반적으로 접하는 딱돌(bTags grol)은 '티베트 사자의 서'로 널리 알려진 '바르도퇴돌(중유에서 법을 듣고 크게 해탈하는 법)'의 한 품으로 수록되어 있는 딱돌풍뽀랑돌(bTags grol phuṅ po raṅ grol)이라 할 수 있다. 이것은 구루 빠드마쌈바와(蓮花生)께서 바르도퇴돌의 가르침을 설하실 때 족첸(大圓滿) 딴뜨라를 구성하는 여러 밀속(密續)들 가운데 설해진 딱돌의 가르침들을 하나로 모은 뒤, 그 가르침을 바르도퇴돌의 교법차제에 의거해서 순서가 뒤섞이지 않게 질서 정연하게 다시 배열하시고, 일부 결여된 부분에 대해서는 당신께서 그것을 직접 보충해서 하나의 완전한 가르침이 되도록 편찬하신 것으로 실로 그 은혜가 막중한 것이라 하겠다.

먼저 '몸에 걸침을 통한 오온의 자연해탈'인 '딱돌풍뽀랑돌(bTags grol phuṅ po raṅ grol)'의 진언의 구성은 처음의 꾼뚜쌍뽀(普賢如來)의 부모양존의 진언에서 시작해서 25명점(明点)과 42존의 적정존의 만뜨라와 육도세계의 여섯 붓다들의 진언과 60명의 분노의 헤루까들의 진언과 육도를 파괴하는 진언명점(眞言明点)과 백자진언(百字眞言)과 16모음주(母音呪)·34자음주(子音呪)과 연기장진언(緣起藏眞言)과 마지막의 사업진언(四業眞言)에 이르기까지의 10개의 진언집단으로 성립되어 있으며, 각각의 진언집단의 성립근거를 개략적으로 기술하면 다음과 같다.

첫째, 범어로 싸만따바드라(Samantabhadra, 普賢如來)라 부르는 꾼뚜쌍뽀(普賢如來)의 부모존의 진언의 출처는 닌다카조르(日月相合續)와 툭쌍와첸뽀(諸佛大密心續)와 쌍왜딥빠쬐빼싸뵌(秘密障碍斷滅種子續) 등을 비롯한 많은 종류의 밀속에서 찾을 수가 있다.

예를 들면, 닌다카조르(日月相合續)의 기속서품(起續序品)에 설해진 꾼뚜쌍뽀의 부모양존의 진언의 교설은 다음과 같다.

"그 뒤 무분별의 대능인(大能仁)께서 도사 대지금강불(大持金剛佛)

께 무집착의 공양으로 공양하시고, 권청하지 않은 음성으로 슬피 찬양하시고, [심경(心境)의 둘에] 머무름이 없는 의념으로 잡아 지니시고, 깔지 않은 [자성이 청정한] 자리에서 일어나서, 걸치지 않은 법의(法衣)를 어깨에 두르시고, 들리지 않는 가송(歌頌)으로 청하고, 발설하지 않는 언구로 간청하시니, 면전에서 밝은 믿음으로 섭송(攝頌)을 이와 같이, 금강가송(金剛歌頌)의 언구들로 도사 지금강불(大持金剛佛)께 아뢰었다.

'옴 아 훔, 에마 끼리끼리, 마쓰따 발리발리, 싸미따 쑤루쑤루, 꾼달리 마쑤마쑤, 에까릴리 쑤바쓰따예, 짜끼라 불리따, 짜예싸문따 짜르야 쑤가예, 비띠싸나 브야굴리예, 싸까리 두까니, 마따리 베따나, 빠랄리 히싸나, 마카르따 껠라나, 쌈부라따 마이까 짜라땀바, 쑤르야 가따라예 바샤나, 라나비띠 싸구띠빠야, 구라구라 빠가카라날람, 나라나라이 타라빠딸람, 씨르나씨르나 베싸라쓰빨람, 붓다붓다 치쌰싸겔람, 싸싸- 리리- 리리- 이이- 마마- 라라- 라하 아-

OṂ ĀḤ HŪṂ EMA KIRIKIRI MASTA BHALIBHALI SAMITA SURUSURU KUNDHALI MASUMASU EKARILI SUBHASTAYE CAKIRA BHULITA CAYESAMUNTA CARYA SUGHAYE BHITISANA BHYAGHULIYE SAKARI DHUKANI MATARI BHETANA PARALI HISANA MAKHARTA KELANA SAMBHURATA MAIKA CARATAMBA SURYA GHATARAYE BASHANA RANABHITI SAGHUTIPAYA GHURAGHURA PAGHAKHARANALAM NARANARAYI THARAPAṬALAṂ SIRNASIRNA BHESARASPALAṂ BHUDDHABHUDDHA

CHIŚASAGHELAṂ SASĀ ṚṜ ḶḸ IĪ MAMĀ RARĀ LAHA Ā

옴 아 훔, 에마 끼리끼리, 마쓰따 발리, 싸미따 쑤루쑤루, 꾼달리 마쑤, 에까릴리 쑤바쓰따예, 짜따불리따, 짜예싸문따 짜르야 쑤가예, 비띠싸나 브야구예, 끼리다끼니 다까 마하보리, 따나빠라리히, 싸난카라 따껠람, 쌈붓다라따, 메가짜라 빠땀, 따빠 쑤르야 가따라 아-, 마나빠라 비호, 띵구랄라, 마쓰민 싸구띨라, 따야 구라구라, 랑가칼라 나날람, 나라나랄람, 이타르빠탈람, 씨르나씨르나 비싸랄람, 싸껠람, 싸싸- 리리- 리리- 이이- 마마- 라라-

OṂ ĀḤ HŪṂ EMA KIRIKIRI MASTA BHALI SAMITA SURUSURU KUNDHALI MASU EKARILI SUBHASTAYE CATABHULITA CAYESAMUNTA CARYA SUGHAYE BHITISANA BHYAGHUYE KIRIDHAKINI DAKA MAHĀBHORI TANAPARALIHĪ SANAṆKHARA TAKELAṂ SAMBHUDDARATA MEGACARA PATAM TAPA SURYA GHATARA Ā MANAPARABHIHO TIṄGHURALA MASMIN SAGHUTILA TAYA GHURAGHURA RĀṆGAKHALA NARALAṂ NARANARALAṂ ITHARPATALAṂ SIRNASIRNA BHISARALAṂ SAKELAṂ SASĀ ṚṜ ḶḸ IĪ MAMĀ RARĀ[3)]

이와 같이 금강가송으로 아뢰자, [대지금강불께

3) 이 진언들은 바르도퇴돌의 딱돌진언에서 인용한 것으로 닌다카조르(日月相合續)의 기속서품(起續序品)에 실려 있는 것과는 판본의 상위로 인해서 꼭 일치하지는 않기 때문이다.

서], '그대 도사는 마음으로 온전히 기억해 지니도록 하라. 무분별의 대능인은 경청하라. 무념에 안치한 자기 각성이 지금강불의 큰 언교(言敎)에 의해서 이것을 행함으로써 성취를 얻는다. 지혜들의 머무는 도리에 의해서 사부(士夫)들이 [인위의 광경을] 억념함을 얻는다. 전도됨이 아니니 불망의 금강다라니(金剛陀羅尼)이다. 불변의 자기의 큰 광경으로부터 소리의 무더기가 원만하게 출현함이다. 그 또한 유가 방편의 핵심이다. 들리지 않는 금강가송으로 제불의 마음을 또한 희열케 함이다. 유가행자들의 증험의 벗이다. 공행모(空行母)들의 마음을 매혹시킴이다. 육도세계의 윤회의 애착을 물리침이다. 복분을 지닌 믿음이 모이는 장소이다. 마음의 흐름(心續)이 일체에 자재함을 얻음이다. 자기 각성이 [억념을 일으켜서] 안락의 밝음들을 심음이다. [의타기성(依他起性)에 떨어지지 않는] 한마음의 경계들이 되게 함이다. [의념이 흐르는] 함령(含靈)들의 과실을 소멸함이다. 유정들의 모든 장애를 정화함이다. 관정과 서언으로 [수습을] 안락하게 시여함이다. 무명(無明)들이 [일어나지 않게] 진압함이다. 모든 수레(乘)들의 고달픔을 위로 하는 휴양지이다. 견해와 수행을 연결지어주는 경계지이다. 정요(精要)들의 조복하는 밭이다. 부동하는 모양을 스스로 일으키는 처소이다. 금강살타의 몸을 또한 붙잡음이다. 그러므로 이 금강가송(金剛歌頌)을 낭송하라. 대능인이여, 그대는 훌륭하고 훌륭하도다!'라고 대도사께서 친히 이와 같이 설하셨다."

둘째, 깨달음의 공덕을 상징하는 25명점(明点)의 만뜨라는 쌍개툭쌍와첸뽀(諸佛大密心續)와 쌍왜딥빠쬐빠싸뵌(秘密障碍斷滅種子續) 등을 비롯한 많은 종류의 밀속에서 찾을 수가 있다. 예를 들면, 땐빠부찍기귀(教法獨子續)의 성불표상품(成佛表象品)을 해설한 아사리 가랍도제(極喜金剛, dGaḥ rab rdo rje)의 딱돌땐빠부찍기쌍델(bTags grol bstan pa bu gcig gi gsaṅ ḥgrel, 身繫解脫教法獨子續密釋)에서 다음과 같이 해설하였다.

"이제 제6품을 해설하니, '계(界, Khams)를 수학하는 방편이 있으니'라고 하는 뜻은, 계(界)라고 함은 불·바람·허공원소의 그들 일체가 모여진 적백(赤白)의 보리심이다. 수학(修學)은 합일(合一: 雙運)을 말하고, '방편이 있으니'라고 함은, 성불하는 방편이 있음이며, '억념이 원만한 무드라(手印)의 상태에서 결합함'이라고 함은, 억념이 원만함은 일찰나를, 무드라(手印)는 업인(業印)과 서인(誓印)과 법인(法印)과 대인(大印)의 넷이다. '상태에서 결합함'이란, 숨결에 닿거나 단지 걸침에 의해서의 뜻이다.

'1) 감관의 탐착을 물리치기 위하여'라고 함의 뜻은, 감관은 다섯 감각기관의, 탐착은 자기의 심속(心續)이며, '물리치기 위하여'는 오불(五佛)과 오불모(五佛母)로 현현하기 위함이며, '까르마 락샤 기함 띠(KARMA RAKṢA GHIHAṂTI)'라는 뜻은, 번뇌마(煩惱魔)가 본자리에서 청정해지게 만드는 정수이다. (중략)

'25) 불자(佛子: 菩薩)들의 자리를 찾기 위하여'라고 함의 뜻은, 불자는 정등각 불세존의 종성을 잡아지님이다. '들의'라고 함은, 유루(有漏)의 몸이 사라져 버린 무여해탈(無餘解脫)에 들어감이다. '자리를 찾기 위하여'라고 함은, 본성이 남이 없는 자리는 인식을 여의고, 자성이 장애가 없는 자리는 안과 밖을 여의고, 대비가 멈춤이 없는 자리는 [멀고 가까움의] 친소를 여의니, 이 셋을 집착함이 없는 자리는 본래 청정하여 유정들의. '응알라케 빠낄리싸(ṄALAKHE PAKILISA)'라고 함의 뜻은, 이것을 몸에 걸치고 [진언의]

숨결에 닿는 일체를 해탈하게 하는 정수라고 함이다."[4)]

셋째, [42존의 적정존인] 36존의 적정존의 만뜨라와 육도세계의 여섯 붓다들의 진언이 설해진 대표적인 밀전(密典)으로는 쌍와닝뽀(秘密藏續)를 들 수가 있으며, 이 경전의 섭만다라여밀주품(攝曼荼羅與密呪品)에서 다음과 같이 설하고 있다.

"그 뒤 여래와 불모의 무리들을 포함하는 일체의 몸·말·뜻의 삼금강(三金剛)으로부터 이들을 발출하였다. '브룸 비쓰와 비쑷데(BHRŪṂ VIŚVA VIŚUDDHE), 훔 바즈라 드릭(HŪṂ VAJRA ḌHRĪK), 옴 지나 직(OṂ JINA JIK), 쓰와 라뜨나 드릭(SVĀ RATNA ḌHRĪK), 암 아로릭(ĀṂ ĀRORIK), 하 쁘라즈냐 드릭(HĀ PRAJÑĀ ḌHRĪK) (중략) 옴 무니 끄림 쓰와하(OṂ MUNI KRIṂ SVĀHĀ), 옴 무니 뜨룸 쓰와하(OṂ MUNI TRUṂ SVĀHĀ), 옴 무니 쓰룸 쓰와하(OṂ MUNI SRUṂ SVĀHĀ), 옴 무니 쁘람 쓰와하(OṂ MUNII PRAṂ SVĀHĀ), 옴 무니 끄샴 쓰와하(OṂ MUNI KṢAṂ SVĀHĀ), 옴 무니 예 쓰와하(OṂ MUNI YE SVĀHĀ), 에혜히 바가완(E HYE HI BHAGAVĀN), 마하까루니까 드리쌰 호(MAHĀ KĀRUṆIKĀ DṚŚYA HO:), 싸마야 쓰뜨왐(SAMAYA STVAṂ), 자

4) 롱첸랍잠쑹붐(隆欽绕隆智表威賽文集 1/26권), pp.162-168, 중국장학출판사, 2009, 북경, China.

훔밤호(JA: HŪṂ BAṂ HO:), 옴 암 훔 쓰와하(OṂ AṂ HŪṂ SVĀHĀ), 바바바바바(VA VA VA VA VA), 즈라즈라즈라즈라즈라(JRA JRA JRA JRA JRA), 싸싸싸싸싸(SA SA SA SA SA), 마마마마마(MA MA MA MA MA), 야야야야야(YA YA YA YA YA), 옴 암 훔 쓰와하(OṂ AṂ HŪṂ SVĀHĀ), 옴(OṂ) 지혜의 왕의 몸·말·뜻·공덕·사업이 크게 희유하니, 지금 여기에서 평등하게 상합(相合)하여, 대인(大印)과 제가 상합하게 하소서! 옴 바즈라 싸마야 훔(OṂ VAJRA SAMAYA HŪṂ), 옴 바즈라 싸마야 쓰뜨왐(OṂ VAJRA SAMAYA STVAṂ), 옴 바즈라 싸마야 호:(OṂ VAJRA SAMAYA HO:), 자훔밤호(JA: HŪṂ BAṂ HO:)'하고 설함으로써, 이들 어만다라(語曼茶羅)가 육도세계의 시방의 전체에 울리고, 크게 울리고, 완전히 울렸다."

넷째, 60명의 분노의 헤루까들의 진언이 설해진 대표적인 밀전(密典)으로는 쌍와닝뽀(秘密藏續)를 들 수가 있으며, 이 경전의 분노존어만다라발출품(忿怒尊語曼茶羅發出品)에서 다음과 같이 설하고 있다.

"그 뒤 대환희(大歡喜, dGyes pa chen po) 세존께서 이들 만다라의 대중을 서언으로 성취하기 위해서, 대분노음혈여래(大忿怒飮血如來)와 분노모(忿怒母)를 포함하는 그들 성중의 몸·말·뜻 삼금강(三金剛)의 분노의 대지혜로부터 이들 어만다라(語曼茶羅)를 발출하였다. ‘옴 싸르와 따타가따 마하쓰리 헤루까 마하짠다 싸르와 두스딴따까 하나다하빠짜 훔훔훔 팻(OṂ SARVA TATHĀGATA MAHĀŚRĪ HERUKA MAHĀCAṆḌA SARVA DUṢṬĀṆTAKA HANADAHAPACA HŪṂ HŪṂ HŪṂ PHAṬ), 옴 바즈라 마하쓰리 헤루까 마하짠다 싸르와 두스딴따까 하나다하빠짜 훔훔훔 팻(OṂ VAJRA MAHĀŚRĪ HERUKA MAHĀCAṆḌA SARVA DUṢṬĀṆTAKA HANADAHAPACA HŪṂ HŪṂ HŪṂ PHAṬ), 옴 라뜨나 마하쓰리 헤루까 마하짠다 싸르와 두스딴따까 하나다하빠짜 훔훔훔 팻(OṂ RATNA MAHĀŚRĪ HERUKA MAHĀCAṆḌA SARVA DUṢṬĀṆTAKA HANADAHAPACA HŪṂ HŪṂ HŪṂ PHAṬ), 옴 빠드마 끄로다 마하쓰리 헤루까 마하짠다 싸르와 두스딴따까 하나다하빠짜 훔훔훔 팻(OṂ PADMA MAHĀŚRĪ HERUKA MAHĀCAṆḌA SARVA DUṢṬĀṆTAKA HANADAHAPACA HŪṂ HŪṂ HŪṂ PHAṬ), 옴 까르마 끄로다 마하쓰리 헤루까 마하짠다 싸르와 두스딴따까 하나다하빠짜 훔훔훔 팻(OṂ KARMA MAHĀŚRĪ MAHĀCAṆḌA SARVA DUṢṬĀṆTAKA HANADAHAPACA HŪṂ HŪṂ HŪṂ PHAṬ) (중략) 뵤 뵤 뵤 뵤 뵤 뵤, 뵤 뵤 뵤 뵤 뵤 뵤, 뵤 뵤 뵤 뵤 뵤 뵤, 뵤 뵤 뵤 뵤 뵤 뵤, 뵤 뵤 뵤 뵤(BHYOḤ BHYOḤ BHYOḤ BHYOḤ BHYOḤ BHYOḤ, BHYOḤ BHYOḤ BHYOḤ BHYOḤ BHYOḤ BHYOḤ, BHYOḤ BHYOḤ BHYOḤ BHYOḤ BHYOḤ BHYOḤ, BHYOḤ BHYOḤ BHYOḤ BHYOḤ BHYOḤ BHYOḤ, BHYOḤ BHYOḤ BHYOḤ BHYOḤ), 옴 룰루룰루 훔(OṂ RU LU RU LU HŪṂ), 에 혜히아나야(E HYE HI Ā NA YA), 자훔밤호람(JA: HŪṂ BAṂ HO: RAṂ), 옴 바즈라 끄로다 싸마야 훔(OṂ VAJRA KRODHA SAMAYA HŪṂ), 옴

(OṂ) 분노하고 분노함에 의해서 적멸(寂滅)케 하고, 대비로 분노하는 길상한 분노의 성중, 불타는 가피가 크게 희유하니, 지금 즉시 저에게 시여하소서! 옴 바즈라 끄로다 싸마야 쓰뜨왐(OṂ VAJRA KRODHA SAMAYA STVAṂ), 옴 바즈라 끄로다 싸마야 팻(OṂ VAJRA KRODHA SAMAYA PHAT), 옴 바즈라 끄로다 싸마야 호:(OṂ VAJRA KRODHA SAMAYA HO:), 아 리 우 리 따 리 따 빠 리(A LI U LI TĀ LI TA PĀ LI), 담스따고나 라우드리(DAṂ ṢṬĀGONA RAUDRI), 카 람 요기 카히 호:(KHA RAṂ YOGI KHĀHI HO:), 훔 하 헤 팻(HŪṂ HA HE PHAT)'을 설함으로써, 육도세계의 시방의 전체가 불타고, 크게 불타고, 완전히 불탔다. 타오르고, 크게 타오르고, 완전히 타올랐다. 일체가 불타는 만다라의 성중이 충만하고, 크게 충만하고, 완전히 충만하였다."

다섯째, 보신의 적정존(寂靜尊)과 분노존(忿怒尊)의 의취로 육도를 파괴하는 진언명점(眞言明点)인 "흐아 아 하 샤 싸 마(ḤA A HA ŚA SA MA)"의 여섯 문자는 틱레쌍와데코나니(秘密眞性明点續)와 딱돌땐빠부찍기쌍델(身繫解脫敎法獨子續密釋)을 비롯한 많은 밀속에서 전거를 찾을 수 있으나, 여기서는 도제쎔빠닝기멜롱(金剛薩埵心鏡續)의 관정서언품(灌頂誓言品)에 설해진 여섯 진언문자의 가르침을 인용하면 다음과 같다.

“무생(無生)의 법성을 나타내는 문자가 아(A)이다. 아(A)는 생(生)하는 자성이 본래 있음을 보지 못하며, 무생(無生)임으로써 무외(無畏)는 아(A) 자에 완결된다. 생(生)함을 여의고 물질로 성립하지 않는 아(A)는 비밀이다.
불멸(不滅)의 뜻에도 머물지 않는 문자가 흐아(ḤA)이다. 불변하는 공성의 상태에서 문자 흐아(ḤA)가 발생하여 있듯이, 불멸과 분별의 여읨은 흐아(ḤA)에 완결된다. 무생(無生)의 상태에서 불멸하는 흐아(ḤA)는 비밀이다.
남이 없이 나타나는 모양의 문자가 하(HA)이다. 하(HA)는 불멸과 연(緣: 조건)과 출현이 섞임이 없이 구족한다. 각성의 공간에서 신통변화를 현출함이 하(HA)이다. 자기에게 본래로 존재하는 지혜를 법계에서 차단하는 문자 하(HA)는 비밀이다.
정토에 들어가게 하는 문자가 쌰(ŚA)이다. 착란을 물리치기 위해서 쌰(ŚA) 자를 또한 설한다. 소리와 언설은 쌰(ŚA) 자에 완결된다. 무생의 법계에서 해탈시키는 문자 쌰(ŚA)는 비밀이다.
불변의 경지에 머물게 하는 문자가 싸(SA)이다. 지혜상사(智慧上師)의 경지로 들어가게 하는 문자가 싸(SA)이다. 모든 지(地)들이 경과함이 없는 싸(SA) 자에 완결된다. 자연성취의 상태에 머물게 하는 문자 싸(SA)는 비밀이다.

문자 마(MA)는 법성이 출생하는 보고이다. 무조작의 각성(覺性)은 마(MA)의 본성이다. 무조작의 아뢰야(一切所依)는 마(MA)의 본성에 완결된다. 비밀진언의 의취를 통달하게 하는 문자 마(MA)는 비밀이다.
여섯 문자의 의취로 비밀진언의 대밀속(大密續)에서 해탈한다. 여섯 문자를 깨닫는 사부는 열반을 얻는다. 깨닫게 하는 왕이 문자와 언어의 변화인 여섯이다. 모든 비밀진언은 여섯 문자에 완결된다."[5)]

여섯째, 화신의 막힘없는 의취인 범어 16모음(母音)과 34자음(子音)의 교설은 여러 밀속들 가운데서 찾을 수 있으며, 여기서는 쌍와닝뽀(秘密藏續)의 자륜만장엄품(字輪鬘莊嚴品)에 자세히 설해진 16모음주(母音呪)[6)]와 34자음주(子音呪)에 대한 교설을 인용하면 다음과 같다.

"아: 극도로 견고한 백색의 아(阿, अ)자에서, 극도로 미세한 아(阿)들이 발출하니, 시방을 가득히 채우고 빛난 뒤, [백색의 아(阿)에] 거두어져도 늘어나거나 줄어듦이 없이 견고하다. 그로부터 밝게

5) 닝마권붐(舊密十萬續, Na pa), pp.217-219. 참닥괸빠(mTsham brag dgon pa)의 목판 영인본, Butan.
6) 쌍와닝뽀(秘密藏續)에서 설해진 '16모음주(母音呪)'은 모음의 변형인 '리 리- 리 리- 암 아(Ṛ Ṝ Ḷ Ḹ AṂ AḤ)'의 여섯 모음이 생략되어 있다.

타오르는 명자(名字)의 모임들이, 발산하고 수렴되어도 또한 그와 같다. 이것은 금강성취의 견고와 발생의 지혜의 원인이다.

아: 까 카 가 가 응아(KA KHA GA GHA ṄA), 짜 차 자 자 냐(CA CHA JA JHA ÑA), 따 타 다 다 나(ṬA ṬHA ḌA ḌHA ṆA), 따 타 다 다 나(TA THA DA DHA NA), 빠 파 바 바 마(PA PHA BA BHA MA), 야 라 라 와(YA RA LA VA), 쌰 샤 싸 하 끄샤:(ŚA ṢA SA HA KṢA:)
이 이-(I Ī), 우 우-(U Ū), 에 아이(E AI), 오 아우(O AU)
이들을 발출함으로써 육도세간의 무변한 시방계(十方界)가 육종진동을 일으키니, 격하게 솟아오르고, 극도로 솟아오른 뒤, 일체법이 단지 명언(名言)에 불과한 모양이 되도다. 호! 그 뒤 모든 여래들께서 찬설을 이와 같이 설하였다. '아(A)는 공(空)과 불공(不空)의 중도이나, 또한 가히 보지 못한다. 일체가 단지 이름일 뿐이며, 제불이 자만(字鬘)에 안주한다. 아(A)는 갖가지로 출현하는, 까(KA) 등의 42명자(名字)들의 일체를, 소리의 이름으로 거두어들이니, 원만불(圓滿佛)의 왕으로 그것은 정해짐이다. 에 마 호! 희유하고 경이로운 법, 대환화(大幻化)의 45명자(名字)[7]들을 남김없이 파지하는 장소이며, 갖가지 대의리(大義利)를 설하고 보이며, 실체가 없는 글자의 자성인 마음은, 무아이며 변제를 여읨이며 가히 보지 못할지라도, 모양과 색깔과 명자(名字)의 모임에 의해서, 온갖 일

7) 대환화大幻化의 45명자名字는 위의 42문자가 구문을 형성하는 데 필요한 요소인 [문자의] 머리와 띡(TIG)과 쌔(ŚAD)의 셋을 합한 것으로 보인다.

체의 변화를 현출하고 현시한다. 시방과 사시(四時)에 들어간 지혜살타의 몸·말·뜻 만다라의 45명자(名字)는 글자의 처음에서 끄샤(KṢA:)에 완결된다. 마음의 자성은 문자이며, 문자에 실체가 있음이 아니어도, 가히 보지 못하는 그것이 갖가지 몸·말·뜻의 대자륜(大字輪)이며, 그 몸·말·뜻이 희유하고 경이로운 대환화[의 45명자(名字)]를 불러온다. 법계에다 법계로 [글자를] 쓰니, 그러므로 글자라 말한다. [문자의] 머리는 착오가 없는 길이며, 띡(TIG)은 반야라 이름하고, 쌔(ŚAD)는 대방편을 게송으로 지음이다.

아(A, अ)는 무생의 진성(眞性)이며, 타(ṬHA)는 환화(幻化)의 금강성(金剛性)이며, 따(ṬA)는 현상의 환화성(幻化性)이며, 다(ḌA)는 환화의 여의성(如意性)이며, 다(ḌHA)는 환화의 청정성(淸淨性)이며, 나(ṆA)는 완전한 환화성(幻化性)이다.

타(THA)는 그물(網)의 현전의 구족성(具足性)이다. 따(TA)는 그물(網)의 견고성(堅固性)이다. 다(DA)는 그물(網)의 혁혁성(赫赫性)이다. 다(DHA)는 그물(網)의 선회성(旋回性)이다. 나(NA)는 그물(網)의 전변성(轉變性)이다.

까(KA)는 눈(目)의 마음의 최승이다. 카(KHA)는 귀(耳)의 마음의 최승이다. 가(GA)는 코(鼻)의 마음의 최승이다. 가(GHA)는 혀(舌)의 마음의 최승이다. 응아(ṄA)는 마음 또한 파괴함이다.

짜(CA)는 눈(目)의 몸의 최승이다. 차(CHA)는 귀(耳)의 몸의 최승이다. 자(JA)는 코(鼻)의 몸의 최승이다. 자(JHA)는 혀(舌)의 몸의 최승이다. 냐(ÑA)는 몸 또한 파괴함이다.

빠(PA)는 눈(目)의 말의 최승이다. 파(PHA)는 귀(耳)의 말의 최승이다. 바(BA)는 코(鼻)의 말의 최승이다. 바(BHA)는 혀(舌)의 말의 최승이다. 마(MA)는 말 또한 파괴함이다.

야(YA)는 생(生)이 청정함이다. 와(VA)는 머무름(住)이 청정함이다. 라(RA)는 멸(滅)이 청정함이다. 라(LA)는 공(空)이 청정함이다.

쌰(ŚA)는 상(常: 恒常)이 청정함이다. 샤(ṢA)는 단(斷: 斷絶)이 또한 있음이 아니다. 싸(SA)는 변제(邊際)를 여의고 무아(無我)이다. 하(HA)는 무상성(無相性)이다. 끄샤:(KṢA:)는 지혜의 마음의 마음이다.

이(I)는 미진(微塵)들이 천신(天神)들이다. 이-(Ī)는 미진(微塵)들이 아수라(非天)들이다. 우(U)는 미진(微塵)들이 인간들이다. 우-(Ū)는 미진(微塵)들이 축생들이다. 에(E)는 미진(微塵)들이 아귀들이다. 아이(AI)는 미진(微塵)들이 지옥들이다. 오(O)는 일체를 파괴함이다. 아우(AU)는 일체가 괴멸함이다. 이 대자륜취(大字輪聚)로 몸·말·뜻의 자만(字鬘)을 수렴한다."

일곱째, 연기장진언(緣起藏眞言)과 식멸(熄滅)·증익(增益)·회유(懷柔)·주살(誅殺)의 사업(四業)의 진언이니, 아사리 가랍도제(極喜金剛)의 딱돌땐빠부찍기쌍델(身繫解脫敎法獨子續密釋)에서 다음과 같이 설하였다.

"교법의 일체가 불변하는 의취인 '예 다르마 헤뚜 쁘라바와 헤뚬 떼샴 따타가또 흐야와다뜨 떼샴 짜 요 니로다 에왐 와디 마하쓰라마나 쓰와하(YE DHARMĀ HETU PRABHAVĀ HETUṂ TEṢĀṂ TATHĀGATO HYAVADATTEṢĀṂ CA YO NIRODHA EVAṂ VĀDĪ MAHĀŚRAMAṆAḤ SVĀHĀ)'의 열 두 음절은 머무름을 영구적으로 해탈시키는 연기장진언(緣起藏眞言)이다.
그와 같이 무지개와 천신의 몸과 사리의 정수의 각기 다른 여덟 가지 사업이 극도로 발전하고 장엄되고, 질병과 마장(魔障)과 팔난(八難)과 장애의 일체가 각성의 법계에서 식멸(息滅)하게 하소서! 샨띰 꾸루예 쓰와하(ŚĀNTIṂ KURUYE SVĀHĀ).
수명과 복덕과 국토의 일체가 각성의 법계에서 소멸되게 하소서! 뿌스띰 꾸루예 쓰와하(PUṢṬIṂ KURUYE SVĀHĀ).
원적과 불법승의 삼보와 윤회와 열반의 일체가 각성의 법계에 귀복되게 하소서! 바샴 꾸루예 쓰와하(BAŚAṂ KURUYE SVĀHĀ).
오독과 삼독의 일체가 각성의 법계에서 파괴되게 하소서! 마라야

씨 씨 쓰와하(MĀRAYA SOD SOD SVĀHĀ)."[8)]

4. 딱돌의 심오한 의미

이것을 몸에 지니고 수지·독송함으로써 위없는 공덕을 산출하는 딱돌의 본질에 대해서 많은 경전들에서 설하고 있으며, 그 가운데서 딱돌닝뾔귀(身繫解脫精髓續)와 찍쎄꾼돌기귀(一通全知解脫續)와 찍쎄꾼돌기띡까(一通全知解脫續註釋)의 교설을 예로 들면 다음과 같다.

첫째, 딱돌닝뾔귀(身繫解脫精髓續, bTags grol sñiṅ poḥi rgyud)에서 다음과 같이 설하였다.

"오디야나(Oḍḍiyāna, 飛行國)[9)] 말로 쁘랏다까아니라아(Prādhaka

8) 롱첸랍 잠쑹붐(隆欽绕隆智表威賽文集 1/26권), pp.169-170.
9) 오디야나(Oḍḍiyāna, 飛行國): 티베트어로 오갠(Orgyan) 등으로 부르는 이 고대왕국은 한문으로 오장나국(五仗那國)이라 하며, 오늘날의 파키스

ānīra:)는 티베트 말로 딱돌(bTags grol: 몸에 걸침을 통한 오온의 자연해탈)이다.

명공(明空: 본질이 비어 있고 자성이 광명)의 명점(明点, Tila)은 가장자리와 가운데[중변(中邊)]를 여의니, 그러한 자생(自生)의 법계에 예배하나이다.

[법신의] 스승이신 꾼뚜쌍뽀(Kun tu bzaṅ po, 普賢如來) 부모양존께서 법계의 빛나는 광휘의 공간에서 스스로 출생하고 스스로 출현한 딴뜨라(密續)를 설하셨다. 에마! [금강살타(金剛薩埵) 등의] 자생의 각성(覺性)의 권속들은 경청하라.

① [삼계의] 윤회세계의 근본은 [미세한] 자아의 집착(我執)이다. ② 변계소집(遍計所執)의 물질세간과 유정세계는 [본질이] 본래 공하고 본래 해탈이다. ③ [본질이] 공하고 [자성이] 빛나는 명공(明空)의 다섯 광채의 [지혜의] 문을 여니, ④ [상주와 단멸의] 가장자리를 여읜 명공(明空)의 명점(明点, Tila)은, ⑤ [일체의] 연(緣)이 없으니, [몸·말·뜻의] 애씀을 여의고 안연하게 놓아두라. ⑥ [마음의] 본질과 자성과 대비의 셋이, ⑦ 걸침으로 해탈하여 [본질은 자성신(自性身: 法身)으로, 자성은 광명신(光明身: 報身)으로, 대비는 광선신(光線身: 化身)으로] 붓다가 된다. 이 일곱 구절의 딴뜨라의 정수인 딱돌을 [그려서] 몸에 걸침으로써 윤회가 비어서 멸한다.

탄의 쓰와트 계곡에 건립되었던 불교왕국이다.

[본초불(本初佛)] 꾼뚜쌍뽀(普賢如來) 부모양존의 법계에서 스스로 출현한 [몸에 걸침을 통한 오온의 자연해탈의 정수인 일곱 구절(七句)의] 딱돌닝뾔귀칙뒨빠(bTags grol sñiṅ poḥi rgyud tshig bdun pa)를 완결한다. 신인(身印)·어인(語印)·심인(心印)이 있도다! 싸마야(Samaya, 誓言)! 갸(rGya, 封印)! 갸(rGya, 封印)! 갸(rGya, 封印)!"[10)]

둘째, 찍쎼꾼돌기귀(一通全知解脫續, gCig śes kun grol gyi rgyud)에서 다음과 같이 설하였다.

"붓다닥끼(Buddha ḍākki)의 말로 에까두빠라데쌰아까:(E ka du pa ra dhe śa a ka:)는 티베트 말로 [하나를 통달해서 일체를 알고 해탈하는 딴뜨라(密續)인] 일통전지해탈속(一通全知解脫續)이다.

[중앙과 가장자리의 모든] 변제(邊際)에서 해탈한 명점(明点, Ti la)에 예배하나이다.

[법신의] 도사이신 꾼뚜쌍뽀(Kun tu bzaṅ po, 普賢如來) 부모양존께서 유일명점(唯一明点)의 공간에서 말씀하였다. 멈춤 없는 각성(覺性)의 광휘인 권속들은 경청하라.
에 마 호! [본질이] 비어 있고 [자성이] 빛나는 이 유일명점(唯一

10) 롱첸랍잠쑹붐『隆欽绕隆智表威賽文集 5/26권』, p.10.

明点, Ti la ñag gcig)은 윤회와 열반 모두의 근원이다. 자생의 지혜의 의취(義趣)를 깨달으면, 하나를 꿰뚫어서 일체를 통달하게 된다. 유일명점의 빛나는 광휘가 오지(五智)로 [출현하고], 팔만사천의 법문 등과 지(地)와 도(道)와 수레의 모든 차별들이, 근원인 유일명점에서 갈라져 나오고, 팔만사천의 법문들 일체는, 삼장(三藏)과 삼차제(三次第)에 [거두어지고], [생기와 원만은] 아띠(Ati yoga, 最極瑜伽)에 거두어진다. 아띠의 내부와 외부와 비밀부(秘密部)의 법들과, 위없는 최승비밀(最勝秘密, Yaṅ gsaṅ) 등을, 하나를 꿰뚫어서 일체를 통달하니, 알아야 할 바의 모든 딴뜨라(密續)들의 일체의, 견해와 행위, 삼매와 관정, 서언과 만다라, 본존공양(本尊供養)과 만뜨라(眞言), 사업과 수증(修證), 지도(地道)와 차제(次第), 기위(基位)와 도위(道位), 과위(果位)의 법들을, 유일명점의 공간에서 깨달으면, 모든 딴뜨라들의 의취에 통달하게 되고, 유일명점(唯一明点)의 법계에서 해탈한다.

이것을 몸에 지니고 의취를 깨달음으로써, 하나를 꿰뚫어서 일체를 통달하고 해탈하게 된다. 이것을 단지 접촉하는 것만으로써 또한, 꾼뚜쌍뽀(普賢如來)의 대락(大樂)의 법계에 안치한다. 법신의 유일명점(唯一明点)의 공간에서 스스로 출현한, 최승의 심수(心髓)의 물방울(心滴)인 일통전지해탈속(一通全知解脫續)을 완결한다. 신인(身印)·어인(語印)·심인(心印)이 있도다! 싸마야(Samaya, 誓言)! 갸

(rGya, 封印)! 갸(rGya, 封印)! 갸(rGya, 封印)! 게오(dGeḥo, 吉祥圓滿)!"[11]

셋째, 찍쎄꾼돌기귀(一通全知解脫續)의 심오한 의미를 주석한 찍쎄꾼돌기띡까(一通全知解脫續註釋, gCig śes kun grol gyi ṭikkaḥ)에서 다음과 같이 해설하였다.

"자연해탈의 각성의 몸, 꾼뚜쌍뽀(Kun tu bzaṅ po, 普賢如來) 부모양존의 회집에 예배하나이다. 묘과(妙果)를 원만하게 구족한 구극의 심수(心髓)의 물방울(心滴)인 이 찍쎄꾼돌기귀(一通全知解脫續)의 해설에는 셋이 있으니, 글머리의 뜻과 본문의 뜻과 마지막 부분의 뜻이다.

1) 글머리의 뜻에도 셋이 있으니, 경명(經名)의 글자풀이와 경명(經名)의 뜻풀이와 예배의 의미 셋이다.

① 경명(經名)의 글자풀이

붓다닥끼(Buddha ḍākki)의 대어(對語)는 에까두빠라데샤아까:(E ka du pa ra dhe śa a ka:)이니,티베트 말로 옮기면 [하나를 통해

11) 롱첸랍잠쑹붐『隆欽绕隆智表威賽文集 5/26권』, pp.11-12.

서 일체를 알고 해탈하는 딴뜨라(密續)인] 일통전지해탈속(一通全知解脫續)이다.

② 경명(經名)의 뜻풀이

[하나를 통해서 일체를 알고 해탈하는 딴뜨라(密續)인] 일통전지해탈속(一通全知解脫續)에 의해서, 윤회와 열반의 일체의 근원[12]인 이 자생의 각성의 유일한 존재도리 이것을 꿰뚫어 알게 되면, 일체의 근원에 도달하는 유일한 이것을 꿰뚫어 앎으로써 일체에서 해탈함이라 한다.

③ 예배의 의미

예배함은, 명점(明点)의 법계에 예배함이니, 자기의 각성인 모든 변제(邊際)에서 해탈[13]한 이 유일명점(唯一明点, Thi la ñag

12) '윤회와 열반의 일체의 근원인 이 자생의 각성의 유일한 존재도리'는 모든 유정들의 온전한 마음의 본성이니, 여기서는 그것을 유일명점(唯一明点)과 꾼뚜쌍뽀(普賢如來)와 각성과 법계와 아뢰야(阿賴耶) 등으로 표현하고 있다. 특히 꾼뚜쌍뽀(普賢如來)의 본질에 대하여 꾼쌍체와랑라내빠(大普賢自內住續)에서, "시방의 부처는 나의 마음이다. 내외의 물질세간과 유정세간도 나의 마음, 방위와 현상도 나의 마음, 안과 밖도 나의 마음, 선취와 악도도 나의 마음이니, 마음의 부처인 꾼뚜쌍뽀(普賢如來)에게 시방의 화신의 부처들은 경청하라"고 하였듯이, 세간과 윤회의 제법과 열반의 일체가 출현하는 근원으로서의 꾼뚜상뽀는 바로 마음인 각성(覺性)이자 동시에 법계(法界)이며 아뢰야(阿賴耶)이다. 그러므로 그 이름도 무변해서 헤아리기조차 어렵다

13) 변제해탈(邊際解脫, mThaḥ grol)은 각성의 본질인 무생(無生)의 측면에서 유(有)의 가장자리에서 해탈하고, 또한 불멸의 측면에서 무(無)의 가장자리에 머물지 않는다. 단절이 없음으로써 무(無)의 가장자리에서 해탈할지라도 상주하는 물건이 아님으로써 유(有)의 가장자리에 머물지 않는다. 활력이 갖가지 현상으로 출현함으로써 일(一)이 성립되지 않으며, 본질이 희론을 여읨으로써 다(多)로 시설하는 가장자리에서 해탈하는 자성이 꾼

gcig)은 삼세제불의 종조(宗祖)임으로써, 그에게 법계에 편만하게 예배한다는 뜻이다.

2) 본문의 뜻에도 넷이 있으니, 설법의 주인은 누구이며, 설법의 장소는 어디이며, 권속은 누구이며, 어떤 내용을 설하였는가? 하는 것이다.

① 설법(說法)의 주인

'도사이신 꾼뚜쌍뽀(Kun tu bzaṅ po, 普賢如來) 부모양존[14]께서,

뚜쌍뽀(普賢如來)이니, 외경을 피안으로 생각하지 않으며, 내심을 차안으로 분별하지 않으며, 중간에는 무생이니 본자리에 들어감이 없이 각성이 명징하게 받치고 머문다.

14) 꾼뚜쌍뽀(Kun tu bzaṅ po, 普賢如來) 부모양존의 뜻에 대하여 설명하면, 맨악닝기공빠(敎誡心意王續)』에서, "이제 내가 [불변광명불이] 부처의 몸과 지혜가 이합집산 함이 없는 의취를 설하고자 한다. 오, 비밀주여! 부처는 법신(法身)과 지신(智身)과 지혜광명의 몸(智慧光明身)으로 안주함으로써 유형의 색(色) 또는 유형의 몸(身)이 있지 않다. 오, 비밀주여! 부처의 몸은 형상이 없는 그것이 몸이다. 그대는 산란함이 없이 경청토록 하라! 자기 마음[각성(覺性)]의 본질이 텅 비고 맑고 투명한 이것은 어떠한 물질과 형색으로 또한 성립함이 없이, 텅 비고 맑고 투명하게 존재하는 이것이 법성의 꾼뚜쌍모(普賢佛母)이다. 이 자기의 각성이 텅 비어 있을 때에도 텅 빈 공허에 떨어지지 않고, 자기 마음이 맑고 투명하며 명징한 이것이 각성의 꾼뚜쌍뽀(普賢如來)이다. 자기 각성의 본질이 비어 있음과 자기 마음의 명징함이 분리됨도 없이 하나로 존재하는 이것이 부처의 [진리의 몸인] 법신(法身)이다. 각성이 단절됨이 없고 투명한 이것이 부처임을 깨달은 뒤 스스로 향유하는 그것이 [수용의 몸인] 보신(報身)이다. 자기 마음이 투명하고 명징한 이것이 부처이니, 자기 마음이 스스로 부처인 것이다. 타인에게 열어 보여서 타인이 부처가 되게 만드는 그것이 대비의 변화의 몸인 화신(化身)이다"라고 하였다.

유일명점(唯一明点)의 공간에서 말씀하시고, 멈춤없는 각성(覺性)의 광휘인 권속들이 경청하였다'고 설한 바의 도사(導師)는 법신(法身)이다.

② 설법의 장소와 청문의 권속

설법의 장소는 일체에 편만한 유일명점(唯一明点)의 공간이며, 법을 들은 자는 일체지(一切知)의 권속들이다.

③ 설법의 내용

이제 이 밀속(密續)에서 설한 내용 그것을 설명하고자 한다.

[원문] 에 마 호![15] [본질이] 비어 있고 [자성이] 빛나는 이 유

또한 꾼뚜쌍뽀의 부모양존의 뜻을 캉싸르땐빼왕축쑹붐5권(康薩尒.丹貝旺旭文集五卷), pp.27-28의 최잉죄두델외쌜틱레냑찍(法界不可說光明唯一明点에서, "보통 꾼뚜쌍뽀(普賢如來)는 현상의 방면을 뜻함을 알아야 하고, 꾼뚜쌍모(普賢佛母)는 공성의 방면을 뜻함을 알아야 한다. 롱쌜닝뽀(Kloṅ gsal sñiṅ po)가 '현상은 법신의 꾼뚜쌍뽀(普賢如來)이며, 공성의 자성은 꾼뚜쌍모(普賢佛母)이다'라고 말함과 '현상은 부존, 공성은 모존'이라고 설함과 까르마 링빠가 '현재의 마음이 단절됨이 없이 명징함이 본초의 의호주(依怙主)인 꾼뚜쌍뽀(普 賢如來) 그분이다'라는 등을 설하였다. 그러므로 나타난 모든 법들은 꾼뚜쌍뽀로, 공성의 모든 법들은 꾼뚜쌍모로 칭하고, 현상과 공성의 불이를 꾼뚜쌍뽀(普賢如來) 부모양존의 불이의 교합이라는 명칭을 붙이게 된다. 그러므로 윤회는 꾼뚜쌍뽀이며, 윤회가 없음은 꾼뚜쌍모이며, 과거는 꾼뚜쌍뽀이며, 과거가 없음은 꾼뚜쌍모이다. 그와 같이 꾼뚜쌍뽀 부모양존의 불이의 법계에는 윤회와 열반이란 이름조차 또한 원초부터 근원도 없고 뿌리도 없으며, 대경도 없고 막힘없이 툭 트인 유희로부터 떠남이 없다"라고 하였다.

15) 에 마 호(E Ma Ho)!는 문법적으로 놀램을 뜻하는 감탄사이나, 여기서는 희유함을 일으키는 제불여래들의 무진한 법음의 수레바퀴를 찬양한 것이다. 즉 어밀(語密)의 본성은 이것을 설명하는 소리와 법의 이름과 문자의 일체를 초월하여 있음에도 불구하고, 제불께서 중생의 사유와 일치하

일명점(唯一明点, Ti la ñag gcig)은 윤회와 열반 모두의 근원이다.

[해설] 자기 각성의 본질은 비어서 공하고, 공성의 광휘가 막힘없이 빛나고, 그와 같이 빛날지라도 또한 둘로 성립하지 않는다. 이 유일명점(唯一明点, Thig le ñag gcig)의 본질 그것은 기반이 불변함으로써 틱(Thig)이라 하고, 테두리가 없고 방소에 떨어짐이 없음으로써 레(Le)라고 한다. 자성이 성립하지 않음으로써 미세한 측면에서 냑(Ñag)이라 하고, 여기에 거두어지지 않음이 없음으로써 찍(gGig)이라 한다. 윤회와 열반 일체의 근본 또는 종자와 같은 이것으로부터 일체가 갈라져 나온다.

[원문] 자생의 지혜의 의취(義趣)를 깨달으면, [하나를 꿰뚫어 일체를 통달하게 된다.]

[해설] 위의 그와 같은 이 유일[명점]은 스스로 생한 것이기에 자생(自生)이라 한다. 그 또한 자기로부터 새롭게 생하거나 또는 얻는 것이 아니니, 윤회와 열반이 열리기 전부터 존재하는 의취를 깨달음으로써 지혜라 한다. 롱쌜(Kloṅ gsal, 虛空淸淨海界明續)에서, '유일[명점]은 윤회와 열반 일체의 터

게 완전한 묘음으로 갖가지 음성과 무량한 언어들로 분명하게 나타내 보임으로서 놀랍고 희유한 것이다. 또한 아사리 가랍도제(極喜金剛, dGaḥ rab rdo rje)는 딱돌의 뜻과 결부해서, "에(E)는 본질이 본래 청정한 법계이며, 마(Ma)는 자성이 자연성취의 법계이며, 호(Ho)는 대비가 일체에 편만한 법계이다"라고 딱빼돌와르땐빠부찍기쌍델(身繫解脫敎法獨子續祕註)에서 설하였다.

전이며, 자생의 지혜가 자기로부터 발생함이다. 그것을 아는 것을 지혜라고 말한다'고 하였다. '의취(義趣)를 깨달으면'이란, 그 자생의 지혜의 의취를 봄으로써, 바탕이 없고 근원도 없음을 자아로 집착하는 아집(我執)이 스스로 해탈한다. 착란을 겪지 않은 법성 그것을 깨달을 때, '하나를 꿰뚫어서 일체를 통달하게 된다'고 말한다. 일체법의 근본인 자생의 지혜인 유일명점 이것을 깨닫고 꿰뚫어서 알 때, 일체의 법에 통달하게 되니, 왜냐하면, 일체법이 각성의 자기 활력에서 갈라져 나오기 때문이다. 어떻게 출현하는가 하면,

[원문] 유일명점의 빛나는 광휘가 오지(五智)로 [출현하고],

[해설] 근원의 자생의 지혜인 이 유일명점(唯一明点)의 본질이 공(空)하여 어떤 것으로도 전혀 성립하지 않음이 법계체성지(法界體性智)이다. 공성의 본성적 광휘인 지혜의 자기 광명인 다섯 빛깔이 서로 섞임이 없이 각자 빛남이 대원경지(大圓鏡智)이다. 그 지혜들이 하나의 근본에서 각각의 이름으로 출현함이 묘관찰지(妙觀察智)이다. 그 지혜들이 스스로 발생해 스스로 빛나도 차별 없이 하나임이 평등성지(平等性智)이다. 그것의 의취를 전도됨이 없이 깨달음으로써 모든 심원들을 자연성취로 획득함이 성소작지(成所作智)이다. 근본의 오지(五智) 이것으로부터 팔만사천법문이 일어나니,

[원문] 팔만사천의 법문 등과 지(地)와 도(道)와 수레의 모든

차별들이, 근원인 유일명점에서 갈라져 나오고,

[해설] 근원의 자생지혜인 이 유일명점(唯一明点)에서 각성의 자기 광휘가 지분의 사지(四智)로 분개하니, 이 사지(四智)의 하나하나로부터 2만 1천의 법문이 갈라져 나와서, 팔만사천의 법문으로 출현한다. 그로부터 [초지 등의] 지(地)와 [견도 등의] 도(道)와 헤아릴 수 없는 수레의 모든 차별들이 근원의 보리심인 유일명점에서 갈라져 나온다. 롱쌜(虛空淸淨海界明續)에서도, '모든 법들 남김 없는 일체는 근원인 유일명점에서 갈라져 나온다'고 하였다. 모든 법문들이 자생의 지혜인, 이 유일명점에 거두어진 뒤 해탈하는 도리를 열어 보임이니,

[원문] 팔만사천의 법문들 일체는, 삼장(三藏)과 삼차제(三次第)에 [거두어지고], [생기와 원만은] 아띠 (Ati yoga, 最極瑜伽)에 거두어진다. 아띠(最極瑜伽)의 내부와 외부와 비밀부(秘密部)의 법들과, 위없는 최승비밀(最勝秘密, Yaṅ gsaṅ) 등을, 하나를 꿰뚫어서 일체를 통달하니,

[해설] 도사(導師)이신 부처님께서는 크신 자비와 방편에 능통하시니, 그 분께서 유정들의 번뇌의 다스림 법으로 설하신 팔만사천의 법문들의 일체를 거두우면 삼신(三身)의 교법에 거두어지니, 화신불의 법상(法相)의 삼장(三藏)과 보신불의 사속(事續)과 행속(行續)과 유가속(瑜伽續)의 삼장 과 법신불의 생기차제(生起次第)와 원만차제(圓滿次第)의 삼차

제(三次第)에 거두어진다. 그 또한 생기와 원만차제는 아띠(Ati: 最極瑜伽)에 거두어지니, 경(經)에서도, '위없는 의취를 깨달으면 이 수레 속에 모든 해탈의 수레들이 거두어진다'고 하였다.

아띠(最極瑜伽)에도 또한 외부(外部)와 내부(內部)와 비밀부(秘密部)가 있는바 이들 전부 또한 위없는 최승비밀대원만심적(最勝秘密大圓滿心滴, Yaṅ gsaṅ bla na med pa rdzogs pa chen po sñiṅ thig)에 거두어진다. 닝틱(sÑiṅ thig, 心滴)에도 또한 외부와 내부, 비밀과 최극비밀 등이 있을지라도 구극의 최승비밀인 일통전지해탈속(一通全知解脫續)의 의취인 자생의 1구(句) 여기에 거두어진다. 그 또한 자생의 지혜인 이 유일명점(唯一明点)에 거두어지니, 양띠이귀(Yaṅ tiḥi rgyud, 頂極瑜伽續)에서, '최후에 유일명점에 완결된다'고 하였다. 이 밀속(密續)의 의취에 통달하고 꿰뚫음으로써 모든 수레들의 의취에 정통하고 꿰뚫게 되고, 행위와 언설과 마음의 일체가 애씀에서 해탈한 뒤 일 없는 한가한 마음을 깨닫는 확신을 얻는다. 롱쌜(虛空淸淨海界明續)에서, '수레의 법들이 본성에 갖추어져 있고, 본성은 모든 제법들의 의취이니, 그것이 없으면 언구 등이 무의미하게 된다'고 하였다.

개별적으로 이 자생의 각성의 딴뜨라(密續)를 앎으로써 공통과 비공통으로 알려진 무변한 딴뜨라들의 알아야 할 바인 딴뜨라의 일체사(一切事)의 의취에 통달하고 해탈함을 보임이니, 딴뜨라들의 모든 의취들을 거두우면 아래의15사(事)에 거두어지니,

[원문] 알아야 할 바의 모든 딴뜨라(密續)들의 일체의, 견해와 행위, 삼매와 관정, 서언(誓言: 誓言戒)과 만다라, 본존공양(本尊供養)과 만뜨라(眞言), 사업과 수증(修證), 지도(地道)와 차제 (次第), 기위(基位)와 도위(道位), 과위(果位)의 법들을, 유일명점의 공간에서 깨달으면, 모든 딴뜨라들의 의취에 통달하게 되고, 유일명점(唯一明点)[16]의 법계에서 해탈한다.

[해설] 자생(自生)[17]의 지혜(智慧)[18]가 막힘이 없고 방소에 떨어짐이 없음으로써 각성(覺性)[19]의 지혜가 무애(無碍)[20]이며, [견해이니] 소견(所見)과 능견(能見)은 [소견(所見)인] 현전의 사의(事義)를 보는 능견(能見)이 사의에 통달함이니, 편향의 집착이 없음으로서 스스로 대해탈(大解脫)이다. 롱쌜(虛空淸淨海界明續)에서, '막힘없는 큰 지혜가 스스로 빛나고 편향의 집착에서 벗어 났다'고 하였다.

---

16) 유일명점(唯一明点, Thig le ñag gcig)의 뜻은 "자기의 현현(顯現) 이외에 여타가 없으며 본성이 변하지 않음으로써, 현현이 자기의 큰 광명으로 빛나는 까닭에 유일명점이다"라고 틱레꾼쌜첸보(大普光明点續, Thig le kun gsal chen po)에서 설하였다.

17) 자생(自生, Raṅ byuṅ)의 뜻은 "인(因)과 연(緣)에서 벗어난 까닭에 자생이다"라고 위의 같은 경에서 설하였다.

18) 지혜(智慧, Ye śes)의 뜻은 "[객진번뇌가] 홀연히 일어남이 없으며 원초부터 존재하는 각성의 주체가 됨으로써 지혜이다"라고 위의 같은 경에서 설하였다.

19) 각성(覺性, Rig pa)의 뜻은 "무명과 물질에서 벗어나, 청정한 심식(心識)의 본성으로 존재함으로써 각성이다"라고 위의 같은 경에서 설하였다.

20) 무애(無碍, Saṅ thal)의 뜻은 "본성이 밝고 막힘이 없는 까닭에 무애(無碍)이다"라고 위의 같은 경에서 설하였다.

[행위이니] 자생의 지혜가 스스로 출현한 것으로 집착함이 없이 행하고, 신묘한 욕락(欲樂)이 장엄으로 출현하는 문을 통해서 행위의 의취에 통달하니, 버리고 취함의 둘이 없는 비밀행(秘密行)이 [법성의] 본자리(本地)에서 해탈함이다. 밀속(密續)에서, '지혜가 스스로 출현하고 모든 행위들이 스스로 해탈함을 행한다'고 하였다.

자생의 지혜인 유일명점이 현전에서 빛나고 집착을 여의고, 산란이 없고 마음이 닦음이 없음을 닦는 의취에 통달함이니, 밝음과 가림의 둘을 집착하는 마음의 닦음이 본자리에서 해탈한다. 롱쌜(虛空淸淨海界明續)에서, '[본질이] 비어 있고 [자성이] 빛나니, 이의(二意)가 닦음을 여읨이 모든 수습의 최승이다'고 하였다.

자생의 지혜의 의취 그것을 깨달음으로써, 각성에 자기 활력을 관정(灌頂)함은, 관정의 획득을 집착함을 여읨으로써 모든 관정의 의취에 통달하니, 관정의 요청과 수여와 관정을 답례하는 수고로움에서 스스로 해탈함이다. 딴뜨라에서, '자기 각성을 깨달음이 최승의 관정이다. 간청과 수여의 방편을 초월함이다'고 하였다.

자생의 지혜에는 쇠퇴와 괴멸의 둘이 성립하지 않으니, 소수(所守: 수호의 대상)과 능수(能守: 수호의 행위) 둘이 없음으로써 본래수호(本來守護, Ye bsruṅs)[21]의 의취에 통달하니, 호계(護戒)

21) 본래수호(本來守護)의 뜻은 심오하니, 일체제법은 십평등성(十平等性)에 의해서 평등함으로써 여기에는 어떠한 견(見)·수(修)·행(行)도 성립하

의 애씀을 집착함이 없이 본자리에서 해탈한다. 계경에서, '법성의 의취에는 수호와 대상의 둘이 없다'고 하였다.

자생의 지혜에는 가장자리(邊)와 가운데(中)와 방소가 성립하지 않으니, 삼신(三身)이 자연성취 된 만다라에 애씀을 여읜 의취에 통달하니, 본존(本尊)과 권속을 생기하는 의식을 행함이 불필요함으로써 본자리에서 스스로 해탈한다.

지 않는다. 예를 들면, 화신의 붓다인 석가세존의 사불호(四不護)를 통해서 그 뜻을 미루어 알 수가 있으니, ①여래신행청정 여래신행무불청정(如來身行淸淨 如來身行無不淸淨)이니, 여래의 몸의 행위는 온전히 청정하니, 여래의 몸의 행위가 온전히 청정하지 아니함이 없다. 다시 말해, 붓다는 몸의 행위인 행주좌와의 어떠한 행동을 하더라도 살생 등의 작은 과실조차 범하지 않음으로써 타인이 비난하고 힐책할 여지가 있지 않다. 그래서 자기의 신행(身行)을 남에게 감추거나 또는 두려워하지 않음으로써 방호할 필요가 없음이다. ②여래어행청정 여래어행무불청정(如來語行淸淨 如來語行無不淸淨)이니, 여래의 말씀의 행위는 온전히 청정하니, 여래의 말씀의 행위가 온전히 청정하지 아니함이 없다. 다시 말해, 붓다는 거짓말 등의 언어의 잘못을 끊음으로써 정법을 설하는 등에 있어 어떠한 언설의 과실도 없음으로써 타인이 비난하고 힐책할 여지가 있지 않다. 그래서 자기의 언행을 남에게 감추거나 또는 두려워 하지 않음으로써 방호할 필요가 없음이다. ③여래의행청정 여래의행무불청정(如來意行淸淨 如來意行無不淸淨)이니, 여래의 마음의 행위는 온전히 청정하니, 여래의 마음의 행위가 온전히 청정하지 아니함이 없다. 다시 말해, 붓다는 탐진치 등의 마음의 허물을 끊음으로써 오직 정법의 연설과 유정의 이익만을 사유하는 까닭에 타인이 비난을 일으킬만 한 어떠한 의혹도 있지 않다. 그래서 자기의 의행(意行)을 남에게 감추거나 또는 두려워하지 않음으로써 방호할 필요가 없음이다. ④여래활명청정 여래활명무불청정(如來活命淸淨 如來活命無不淸淨)이니, 여래의 생활은 온전히 청정하니, 여래의 생활이 온전히 청정하지 아니함이 없다. 다시 말해, 붓다는 가장과 가식과 사기 등에 의한 생활을 끊고 지혜로써 여법하게 생활하는 까닭에 타인이 비난을 일으킬만한 어떠한 의혹과 잘못도 있지 않다. 그래서 자기의 생활을 남에게 감추거나 또는 두려워하지 않음으로써 방호할 필요가 없음이다.

그러므로 계경에서, '자연성취의 작은 명점(明点)이 스스로 출생하여 성숙하니, 여기에는 본존과 권속을 붙잡음이 본자리에서 스스로 해탈한다'고 하였다.

자생의 지혜의 각성의 광휘가 붓다의 몸으로 구비됨이니, [본질이] 비어 있고 [자성이] 빛나는 본자리에서 해탈함으로써 견수(見修)의 의취에 통달하니, 생기자체와 원만차제를 집착하는 이현(二現)의 애써 닦는 근수(勤修, rTsol sgrub)가 본자리에서 해탈한다. 그러므로 계경에서, '[각성의 자성이] 빛나고 [본질이] 비어서, 생기와 원만의 둘이 본자리에서 해탈한다'고 하였다.

자생의 지혜에는 신묘한 욕락(欲樂)[22]이 자연히 성취되어 존재함으로써 소공(所供: 공양의 대상)과 능공(能供: 공양의 행위)의 집착이 본자리에서 해탈함으로써 공양의 의취에 통달하니, 안과 밖의 애써 행하는 근행(勤行)의 물품공양이 본자리에서 해탈한다. 그러므로 경(經)에서, '스스로 출생하고 스스로 출현하는 공양의 의취[를 알면], 희망과 의려가 스스로 해탈하는 최승의 공양이다'고 하였다.

자생의 지혜의 정수의 자기 소리 일체가 문공일여(聞空一如)[23]로 존재함으로써, 모든 소리들을 설함이 없는 문공일여의 핵심의취에 통달하니, 소전(所詮: 설하고자 하는 내용)

22) 밀교에서 감관(感官)을 즐겁게 만드는 색(色)·성(聲)·향(香)·미(味)·촉(觸)의 5가지 정교한 물질을 말하니, 이것을 상징하는 공물로 거울과 비파와 해라(海螺)에 담긴 향수와 과일과 오색비단을 올린다.

23) 문공일여(聞空一如)는 귀로 듣는 소리와 바깥의 소리들이 고유한 실체 또는 자성이 없어서 공성과 둘이 아님을 뜻한다.

과 능전(能詮: 설하는 언사)의 집착이 본자리에서 해탈한다. 그러므로 계경에서, '불가언설의 [문공일여(聞空一如)의] 핵심에 통달해서 본자리에서 해탈한다'고 하였다.

자생의 지혜는 본래해탈(本來解脫, Ye grol chen po)[24]이며, 중생의 요익을 가림이 없고 편사에 떨어짐이 없이 자연성취 함으로써, [몸·말·뜻의] 삼문(三門)의 방편들이 애씀을 여의고 사업의 의취에 통달하니, 식멸(息滅)·증익(增益)·회유(懷柔)·주살(誅殺) 등의 사업이 본자리에서 해탈한다. 그러므로 계경에서, '자생[지혜]의 의취를 깨달으면 사업이 애씀을 여읜다'고 하였다.

자생의 지혜가 무분별과 대락(大樂)으로 존재함으로써, [무루의 대락과 무분별의 밝음이 하나인] 낙명일여(樂明一如)

24) 본래해탈(本來解脫, Ye grol chen po)은 닝마빠(舊密)에서 설하는 6가지 해탈 가운데 하나이다. 라마린뽀체이섈귄(上師口訣)[유콕쑹붐2권(玉科曲勇絨卓全集中)]에서 설하길, "본래해탈(本來解脫)은 명공합일(明空合一, Rig stoṅ zuṅ ḥjug)과 삼신(三身)이 이합집산 함이 없는 각성 그것은 행위에 의해서 만들지 못하고, 애씀에 의해서 성취됨이 없이 자생의 삼법(三法: 본질·자성·대비)을 지니니, 자생의 원초의 본래소의(本來所依, Ye gshi) 그것은, 원초부터서 해탈소의(解脫所依, Grol gshi)가 티끌만큼도 있지 않은 것이니, 본래해탈(本來解脫)의 뜻은, 유정들이 지금 인욕정진에 의해서 해탈하는 것이 아님의 뜻이다. 지혜의 자기 광휘인 바깥의 현분(現分)이 소멸할지라도 지혜의 명분(明分)이 소멸하지 않음으로써 본래해탈이다. 대비의 각성의 광휘로부터 그와 같이 출현할지도 또한 본래출현과 본래안주임으로써 소주(所住)와 능주(能住)의 둘을 여읨이 본래해탈의 자성이다. 팔만사천의 번뇌들 또한 예를 들면, 팔만사천의 새들의 발에다 갖가지 허다한 색깔을 칠한 뒤 새들이 허공으로 날아갈 때, 색깔의 흔적이 나타나지 않음과 같다. 그와 같이 본래부터 출현분(出現分)들이 본래해탈의 자성인 것임을 결단하는 것이다.

의 무집착의 안연함을 증험하는 의취에 통달하니, 착란의 광경과 증감(增減)과 좋고 나쁨을 보는 분별이 본자리에서 해탈한다. 그러므로 계경에서, '자생의 지혜는 무분별로 분별의 집착에서 해탈한다'고 하였다.

자생의 지혜는 붓다의 삼신을 자연성취로 스스로 갖춤으로써, 닦아서 경과[25]하는 애씀이 없이 본래부터 구경에 다다름으로써, 지(地)[십지(十地)]와 도(道)[오도(五道)]의 의취에 통달하니, 위 아래와 높고 낮음의 차제가 본자리에서 본래 해탈함이다. 그러므로 계경에서, '자생[지혜]의 의취에는 지(地)와 도(道)의 차별이 없다'고 하였다.

자생의 지혜인 아뢰야(阿賴耶, Kun gshi)[26]가 본래청정 함으로써, 범주가 끊어지고 방소가 없는 인위(因位)의 의취에 통달하니, 외경과 내심, 유정(有頂: 三有의 정상)의 분별이 본자리에서 해탈한다. 그러므로 계경에서, '청정한 아뢰야를 알아서 인위(因位)의 의취가 현전하여 본자리에서 해탈

25) 닦아서 경과함은 장되(sByaṅ ḥgrod)의 번역으로 하근기의 수행은 점차로 닦아서 오도(五道)와 십지(十地)를 차례로 경과하여 불지(佛地)에 도달함을 말한다.

26) 아뢰야(阿賴耶, 一切所依)는 범어 아뢰야(Ālāya)와 티베트어 꾼시(Kun gshi)의 번역이다. 이 뜻을 롱첸랍잠(Kloṅ chen rab ḥbyams, 1308-1363)의 쌍닝델빠촉쮜뮌셀(秘密心髓註釋十方黑暗除滅)에서, "그 또한 일체소의(一切所依)는 일체이니, 일체가 의지하는 터전[기반]이다. 입능가경(入楞伽經)에서, '아뢰야는 일체의 터전이니, 윤회와 그와 같이 또한 해탈의 터전이다'고 설하였다. 그 또한 부정한 윤회로 나타날 때는 그것의 의지처가 되어서 분리되지 않은 것처럼 있을지라도, 또한 [해탈로 나타날 때는] 청정한 법성인 법계체성지의 이름을 얻는다. 일체의 지혜가 이것에 의지한다"고 하였다.

한다'고 하였다.

자생의 지혜는 움직이지 않고 동요시킴이 본자리에서 청정함으로써, 착란과 윤회의 분별이 본자리에서 파괴된 뒤, 애씀을 여읜 무위도(無爲道)의 의취에 통달하니, 도(道)의 멀고 가까움과 닦아서 경과하는 집착이 본자리에서 해탈한다. 그러므로 계경에서, '[자생의] 지혜가 현전하면, 도(道)의 애씀이 해탈한다'고 하였다.

자생의 지혜는 스스로 출생하고 스스로 해탈함으로써, 이집(二執: 대경과 내심의 집착)과 희망과 의려의 애씀이 본 자리에서 청정해 짐으로써, 불과(佛果)의 자연성취의 의취에 통달하니, 삼신(三身)과 오신(五身)[27]을 집착함이 본자리에서

27) 오신(五身)은 법신·보신·화신에다 불변금강신과 현증보리신의 둘을 더한 것으로 불변금강신과 현증보리신과 법신의 뜻을 설명하면, 도귀린뽀체죄슉(顯密文庫)에서 [소지장과 번뇌장이 청정한] 이정(二淨)의 불변금강신(不變金剛身)에 대하여, "예시다와(智慧幻網續)에서, '법계의 청정함인 금강신(金剛身)은 불변불괴(不變不壞)하고 사유를 초월한다'고 설함과 같이, 원초의 법계의 자성이 광명임을 제불께서 모든 도위(道位)를 마친 구경인 그 법에는 변천이 없으며, 금강의 자성과 같이 무위(無爲)로 상주함으로써 그와 같이 시설한 것이다. 본래부터 더러움을 여읨으로서 자성이 청정하고, 객진(客塵)의 더러움의 일분조차 또한 완전히 청정함으로써 이정(二淨)의 부처라고 부른다"고 하였다.
또한 현증보리신(現證菩提身)에 대하여 같은 책에서, "예시다와(智慧幻網續)에서, '[소단(所斷)의] 더러움을 여읨으로 말미암아 깨끗함이자, [소증(所證)의] 모든 공덕의 원만함에 도달함이 둘이 아닌 하나로 화합함으로 말미암아 현증보리신(現證菩提身)이라 말한다'고 설함과 같이, 심성이 광명의 구경에 도달할 때는 이정(二淨)의 방면에 귀속되고, [세간의] 현분(現分)과 섞임이 없는 공덕인 십력(十力)과 사무소외(四無所畏)와 십팔불공법(十八不共法)과 대비(大悲)와 37보리분법(菩提分法) 등이니, 요약하

해탈한다. 그러므로 계경에서, '[자생의 지혜는] 자연해탈이니, 불과(佛果)는 희망과 의려[28]에서 해탈한다'고 하였다. 그와 같이 그 자생의 지혜를 알 때 과위(果位)의 삼신(三身)이 다른 곳에서 발생하고 얻음을 주장하지 않는다. 희론을 여읜 자기 각성이 법신으로 해탈하고, 자기 각성의 막힘없는 활력이 보신으로 해탈하고, 갖가지로 현현하고 스스로

면, 지(智)·비(悲)·력(力)의 3가지 공덕이 불가사의한 측면에 의거해서 현증보리신이라고 부르니, 모든 비공통의 여래공덕의 발생지로서 존재한다"고 하였다.

또한 법신에 대하여, "법신(法身)은 공성 하나만을 주장하지 않으니, 각성의 지혜가 아니기 때문이다. 법성을 법신으로 논할 것 같으면 그것은 금강신(金剛身)이며, 이미 앞에서 설한 바이다. 만약 갖가지로 현현하고, 본성과 섞지 않는 측면에서 법신으로 논할 것 같으면, 그것은 현증보리신(現證菩提身)이니 방금 설해 마친 바이다. 그러면 여기서 무엇을 법신으로 인정하는가? 하면 상주(常住)가 아니니, 예외에서 벗어났기 때문이며, 단멸이 아니니, 각자의 자증지(自證智)이기 때문이며, 둘이자 둘이 아닌 변제에 닿음이니, 상단(常斷)이 성립되지 않기 때문이다. 그러므로 법계의 자성은 [가장자리와 가운데의] 중변(中邊)을 여읨이 허공과 같은 공간에서 극도로 미세한 지혜와 일미로 화합함이 그믐달처럼 드러나지 않음과 동일하게 머물지라도 또한, 앎의 지분이 멸함이 없는 지혜의 내명등인정(內明等引定)의 분상에서 밖으로 빛나는 지혜의 증장을 견실하게 행함으로써, 지중(地中)에 머무는 보살들과 유정의 부류에게 색신(色身)이 눈에 보이고, 귀로 말을 듣고, 성자의 계율의 향기를 맡고, 법미(法味)를 맛보고, 삼매의 안락을 접하는 감흥이 일어나고, 분별관찰의 반야의 법을 사량하는 자들의 원인이 됨으로써 융해(融解)의 길(Thim lam)과 암묵(暗默, rMugs pa)의 지혜라고 부르니, 그와 같을지라도 또한 대경과 유경(有境, Yul can)을 둘로 인식함이 없다. 불가사의의 지혜로서 오로지 붓다만의 경계이며, 여타가 행할 바의 경계가 아니다"라고 하였다.

28) 여기서 '불과(佛果)는 희망과 의려가 해탈한다'라고 함은, 자기의 자성이 자연성취의 붓다로 본래 존재함으로써 자생의 지혜의 의취를 깨달을 때, 붓다를 닦아서 얻고 얻지 못하는 일체의 희망과 의려가 자연히 없어짐을 말하니, 대원만 견해에 의하면, 마음의 본성에는 삼신의 공덕 일체가 본래부터 자연적으로 원만하게 성취되어 있음을 뜻한다.

출현하는 몸이 화신으로 해탈한다. 밀속(密續)에서 또한, '삼신(三身)의 의취가 자연성취 됨이다'라고 하였다.

그와 같이 자기의 참 모습을 앎으로써 [자생의 지혜의] 의취가 스스로 머무르고, 희론이 스스로 끊어지고, 유상(有相)이 스스로 해탈하고, 심식(心識)의 의취를 통달함으로써 각성(覺性)이 까닥텍최(Ka dag khregs chod, 本淨直入)[29]이며, 불과(佛果)가 자연성취로 스스로 구족된다. 하나를 꿰뚫어서 일체를 통달하고 일체를 앎이 하나로 해탈함으로 열어 보임이다.

3) 마지막 부분의 뜻에도 셋이 있으니, 이 딴뜨라를 몸에 지니고 [자생의 지혜의 의취를] 깨닫는 공덕과 그와 같이 생겨남과 봉인(封印)함이다.

[원문] 이것을 몸에 지니고 의취를 깨달음으로써, 하나를 꿰뚫어서 일체를 통달하고 해탈하게 된다. 이것을 단지 접촉하는 것만으로써 또한, 꾼뚜쌍뽀(普賢如來)의 대

29) 까닥텍최(Ka dag khregs chod, 本淨直入)는 "본래청정의 각성(覺性, Rig pa)은 예를 들면, 하늘이 구름을 여읨과 같이 삼세의 착란의 분별들 일체가 본자리에서 소멸함으로써 각성이 명징(明澄)하고 낭랑(朗朗)하고 활연(豁然)하고 적나라(赤裸裸)한 그것을 말한다. 이것을 까닥텍최(本淨直入)의 각성이라 또한 말한다. 삼세의 좋고 나쁜 분별들의 일체가 하늘이 구름을 여의듯이 각성이 본래청정의 상태에서 본자리에서 소멸함으로써 명료한 측면이 가림이 없이 생생하게 현전함이 그것이다. 그것은 본질이 본래부터 청정함으로써 까닥(Ka dag, 本淨)이며, 삼세의 모든 분별들을 본래청정의 각성의 법계에서 몰록 끊고 곧게 계합해 들어감으로써 텍최(Khregs chod, 直入)라고 한다.

락(大樂)의 법계에 안치한다. 법신의 유일명점(唯一明点)의 공간에서 스스로 출현한, 최승의 심수(心髓)의 물방울(心滴)인 일통전지해탈속(一通全知解脫續)을 완결한다. 신인(身印)·어인(語印)·심인(心印)이 있도다! 싸마야(Samaya, 誓言)! 갸(rGya, 封印)! 갸(rGya, 封印)! 갸(rGya, 封印)! 게오(dGeḥo, 吉祥圓滿)!

[해설] 이 밀속(密續)이 어떤 중생이 임종시에 그의 숨결에 닿은 뒤 몸에 걸치면 또한 첫 번째 바르도인 법성의 바르도에서 해탈한다고 설함이다. 이 밀속의 의취에 통달하면 하나를 알아서 일체에 통달하게 된다.

'법신의 유일명점(唯一明点)의 공간에서 스스로 출현한 최승의 심수(心髓)의 물방울(心滴)인 일통전지해탈속(一通全知解脫續)'이라고 함은, 이 딴뜨라는 법신의 유일명점으로부터 자생으로 출현함인 것이다. 모든 딴뜨라의 정수인 이 하나를 앎으로써 일체법의 의취에 통달함을 열어 보임이다.

'신인(身印)·어인(語印)·심인(心印)이 있도다!'라고 함은, 법의 그릇이 아닌 자에게 이 딴뜨라를 가히 누설하지 않음이라고 함이다.
최승의 심수(心髓)의 물방울(心滴)인 일통전지해탈속(一通全知解脫續)을 해설한 이 찍쎄꾼돌기띡까쌜제된기멜롱(一通全知解脫續註釋明燈鏡, gCig śes kun grol gyi ṭikkaḥ gsal byed don gyi me loṅ)과 유업(遺業)을 타고난 선근자와 만나지이다! 싸마야(Samaya, 誓言)! 갸(rGya, 封印)! 갸(rGya, 封

印)! 갸(rGya, 封印)![30]

5. 딱돌의 전승법계

딱돌(몸에 걸침을 통한 오온의 자연해탈)의 전승법계는 딱돌의 유래와 더불어 거의 알려지지 않은 까닭에 오늘날 티베트 불교에서도 제대로 알고 있는 사람이 소수에 불과할 뿐이다. 이제 딱돌의 전승법계에 대한 역사를 밝히자면, 구루 빠드마쌈바와(蓮花生)의 저술인 딱돌체와땐빼띡까(bTags grol che ba bstan paḥi ṭikkaḥ, 身繫解脫傳承與七大勝註)에서 다음과 같이 설하였다.

"[이 딱돌딴뜨라(身繫解脫續)가] 어떻게 전승됨과 그것의 위대성을 열어 보임이다. '도사(導師)이신 꾼뚜쌍뽀(Kun tu bzaṅ po, 普賢如來) 부모양존께서, 자신과 다름이 아닌 금강살타(金剛薩埵)의 법기(法器)'라

30) 롱첸랍잠쑹붐(隆欽绕隆智表威賽文集 5/26권), pp.21-29.

고 함은, 법신에서 보신의 마음으로 스스로 출생하고 스스로 출현하여 전승됨이다.

'금강살타의 가지력(加持力)으로 자생적으로 가랍도제(極喜金剛, dGaḥ rab rdo rje)의 마음에 출현하다'라고 함은, 보신의 가지의 심전승(心傳承)이 화신의 가랍도제(極喜金剛)의 마음에 스스로 출생하고 스스로 출현하여 전승됨이다. 화신의 가랍도제의 마음에 스스로 출생하고 스스로 출현하여 전승되는 것을 화신의 가랍도제(極喜金剛)께서 이 자생의 딴뜨라를 일곱 가지 위대함과 더불어서 아사리 쓰리씽하(吉祥獅子, Śrisiṅha)에게 부촉하였다.

그 부촉한 모양은, '쓰리씽하(吉祥獅子)에게 이 딱돌딴뜨라(身繫解脫續)를 부촉하니, 꼐 꼐(Kye kye)! 조끼(Joki, 요기) 쓰리씽하여, 현상과 윤회와 열반의 일체의 종자인 이것을 깨달음이 없이는'라고 함이니, 이 진실의(眞實義)의 딴뜨라의 대구결(大口訣)이, 깨닫지 못하는 법이 하나도 없음에 의해서, 일체의 종자인 큰 자생의 이것을 깨닫지 못하면 무의미 함이다.

'연설한 말씀은 단지 한 언구조차 또한, 혀끝으로 가히 설하지 못한다'고 함으로써, 자기 각성의 지혜를 깨달음이 없이는 진실의(眞實義)가 출생하지 못함은 필연적이다.

'가지(加持)의 딱돌딴뜨라의 이 언구가, 어떤 이에게 출현하면 그 사부는 또한'이라고 함으로써, 삼신(三身)의 붓다들이 차례로 전승하는 이 자생 딴뜨라의 일구(一句)는 실제로 자생의 지혜가 자기의 심속(心續)에 존재하고 이 각성에 의해서, 모든 딴뜨라의 의미를 능히 연설하니, '이전에 보지 못한 딴뜨라와 논전들을, 혀끝으로 능히 연설할 수 있으며'라고 함으로써, 이 자생 딴뜨라의 일구(一句)를 깨달을 때, 이전에 보지 못했던 모든 법들의 의미를 통달한 뒤 능히 연설할 수 있다.

'이 딴뜨라를 깨닫지 못하고서는 비록 십선(十善)

을 행할지라도 윤회에서 해탈하지 못한다'라고 함으로써, 이 딴뜨라의 자생의 지혜를 깨닫지 못하면 인과의 선취(善趣)로부터서는 법신을 얻지 못한다.

'그가 이전에 오무간(五無間)을 지었을지라도 또한, 이 딴뜨라를 만나면 악도에 떨어짐이 있지 않다'고 함으로써, 이 각성의 자생의 지혜를 깨달을 때, 업(業)과 이숙(異熟)에 물들지 않으니, 비유하면, 허공에 물방울이 붙지 않음과 같이, 윤회와 열반이 법신으로 해탈하고, 악도에 들어가는 사람이 있지 않다.

'[각성의 자생의 지혜] 이것을 알고 부동하는 그 사람은, 닦음이 필요 없으니 보는 것만으로 해탈한다'고 함으로써, 각성의 자생의 지혜를 깨달을 때, 소수(所修: 닦음의 대상)와 능수(能修: 닦는 자)의 둘이 없으니, 소연(所緣)하는 대경을 붙잡음이 스스로 해탈한다.

'정수의 딴뜨라인, 이 진실한 딴뜨라를 깨닫지 못

하면, 겁(劫)의 세월 동안 십바라밀(十波羅蜜)의 문(聞)·사(思)·수(修)의 셋을 수행할 지라도, 삼세(三世)의 일체에서 성불하지 못한다'고 함으로써, 일체법의 피안과 진지(眞智)인 붓다의 마음의 딴뜨라인 자생의 이것을 깨닫지 못하면, 행위의 언구 딴뜨라들의 희론(戱論)의 변제를 애써 닦을지라도 또한 앵무새와 같으니, 과거와 미래, 현재의 삼세에서 또한 성불하지 못한다.

'삼세의 모든 부처님들 또한, 이것을 걸치고 해탈하여 성불하니, 오신(五身)과 유정의 이익을 자연성취 한다'고 함으로써, 과거와 미래, 현재의 삼세의 모든 부처님들 또한 자기 각성인 심속(心續)에 방편으로 이것을 걸치고 반야로 해탈함으로써, 닦지 않고 애씀이 없이 해탈함으로써 성불하고 불과(佛果)를 얻는다.

'자기 각성의 청정한 일지(一地)에, 모든 수레들이 거두어지고, 지(地)와 도(道)가 구족된다'라고 함과

'위없는 의취를 깨달으면 이 수레 속에, 모든 해탈의 수레들이 거두어진다'고 설함과 '청정지(淸淨地)[31] 또는 모든 지(地)들을 경과한다'고 설함이다.

화신 가랍도제(極喜金剛)께서 그와 같이 설함으로써, 쓰리씽하(吉祥獅子)의 자기 각성이 내심과 외경의 이현(二現)에서 해탈하였다.

자생의 의취에 환희하고, 이 아띠(Ati yoga, 最極瑜伽)의 과속(果續)을 수지하고, 아띠(Ati yoga)의 자기 활력이 언구로 출현한, 이 대부용족딱돌귀(ḥBras bu yoṅs rdzogs btags grol rgyud, 佛果圓滿具足身繫解脫續)를 아사리 쓰리씽하(吉祥獅子)께서 나 빠드마쌈바와(蓮花生)에게 부촉하였다.

'다섯을 지닌 아들에게 이것을 열어 보이라'고 함은, 화신의 가랍도제(極喜金剛)가 아사리 쓰리씽하(吉

31) 청정지(淸靜地)는 팔지(八地)와 구지(九地)와 십지(十地)의 셋을 말하며, 모든 지(地)들은 신해행지(信解行地)에서 불지(佛地)에 이르는 모든 지(地)를 말한다.

祥獅子)에게 이 딴뜨라의 일곱 가지 위대함을 설해 보임으로써, 자생의 의취에 환희함이니, 이 대부랑중귀(ḥBras bu raṅ byuṅ rgyud, 佛果自生續)을 쓰리씽하(吉祥獅子)께서 나 오디야나(Oḍḍiyāna, 飛行國)의 빠드마쌈바와(蓮花生)와 유업(遺業)의 선근자의 마음에 전해 줌이다. 법기(法器)에 인(印)을 치는 것은 그 딴뜨라에 명확히 설해져 있다.

여섯 가지 딱돌딴뜨라에 대한 전체의 명패(名牌)와 함께 반야의 지혜를 지닌 대비자와 만나지이다! 여섯 가지의 짧은 딱돌딴뜨라(身繫解脫續)[32]의 주석서를 완결한다. 싸마야(Samaya, 誓言)! 갸(rGya, 封印)! 갸(rGya, 封印)! 갸(rGya, 封印)! 길상원만(吉祥圓滿)!"[33]

---

32) 여섯 가지 짧은 딱돌딴뜨라(身繫解脫續)는 ①딱돌닝뽀귀(bTags grol sñiṅ poḥi rgyud, 身繫解脫精髓續) ②찍셰꾼돌기귀(gCig śes kun grol gyi rgyud, 一通全知解脫續) ③양띡쎄르기두찍빠귀(Yaṅ tig gser gyi ḥbru gcig paḥi rgyud, 精要金一顆續) ④쌔찍싸뵌기귀(Sras gcig sa bon gyi rgyud, 獨子種子續) ⑤랑중릭빠귀(Raṅ byuṅ rig paḥi rgyud, 自生覺性續) ⑥대부용족첸뽀귀(ḥBras bu yoṅs rdzogs chen poḥi rgyud, 佛果圓滿具足大續)의 여섯이다.

33) 롱첸랍잠쑹붐(隆欽绕隆智表威賽文集 6/26권), pp.81-83.

6. 딱돌을 수지·독송하는 공덕

딱돌(몸에 걸침을 통한 오온의 자연해탈)을 수지하고 독송하는 공덕에 대하여 많은 밀전들에서 그것을 논설하고 있다. 여기서 그 가운데 몇 가지 경문을 발췌하여 소개하면 다음과 같다.

첫째, 일월상합속(日月相合續, Ñi zla kha sbyor chen po gsaṅ baḥi rgyud)의 기속서품(起續序品)에서 다음과 같이 설하였다.

"나의 이 딴뜨라를 누가 수지하면, 이 세상에서 유익한 결과와 반드시 [본래 청정이] 현현하는 경지를 [바르도에서] 얻으니, 삼신(三身)을 또한 향유한다. 이것을 단지 받아 지니는 것 만으로 닦음이 없이 선정에 들어 가고, 배우지 않아도 법들을 이해하고, 연설하지 않은 구결에 익숙하고, 강설하지 않은 딴뜨라들을 저절로 알고, 생기하지 않은 신(神)들이 또한 미리 나타난다. 그러므로 이들 딴뜨라를 큰 선근을 지닌 어떤 유가행자가 지님으로써 성취를 얻는다. 붓다의 사업을 자임하고, 악도의 처소들을 파괴하고, 대락(大樂)의 길에 들여 놓는다. 자기의 광경에 친숙해서 확신을 얻은 뒤, 법계에 유희하되 두려움이 없음을 얻는다. 비밀이며, 큰 비밀이며, 위없는 비밀이며, 결정적 정수이자 구극의 비밀인 이것이 어떤 이에게 출현하면, 그는 삼세의 붓다들이 머무는 관정을 또한 얻는다."[34)]

둘째, 양띡쎄르기두찍빼띡까(Yaṅ tig gser gyi ḥbru gcig paḥi ṭikkaḥ, 精要金一顆續註)에서 다음과 같이 설하였다.

"'가히 보지 못하는 법계에서 스스로 출현한 이 양띡쎄르기두찍 (精要金一顆續)을 지니고 보고 듣고 접촉함으로써 또한, 광휘의 법계에서 성불한다'고 함으로써, 스스로 출생한 법성의 이 딴뜨라를 어떤

34) 닝마귄붐(舊密十萬續, Na pa), pp.503-504. 참닥괸빠(mTsham brag dgon pa)의 목판 영인본, Butan.

유정이 깨닫거나, 또는 보거나, 또는 듣거나, 또는 접촉함으로써 명공(明空)의 상태에서 성불하니, 롱쌜(虛空淸淨海界明續)에서, '이 정수(精髓)의 딴뜨라를 누가 만난다면 성불에 의심이 없다'고 설하였다. 이 양띡쎄르기두찍(精要金一顆續)을 완결한다. '신인(身印)·어인(語印)·심인(心印)이 있도다!'라고 함은, 그릇이 아닌 자에게 이것을 바람 부는 쪽을 향해서도 열어 보임은 옳지 않다. 밀속(密續)에서, '구경의 정수인 이 딴뜨라를 누구에게나 다 설하면 지옥에 떨어진다'고 하였다."[35)]

셋째, 딱돌왼땐중출기띡까(bTags grol yon tan ḥbuṅ tshul gyi ṭikkaḥ, 身繫解脫功德出現續疏)에서 다음과 같이 설하였다.

"만나는 것만으로 충분한 의리(義利)의 왕에게 예배하나이다. 이 딴뜨라(密續)의 도리를 비록 알지 못할지라도, 이 과속(果續)을 수지 하는 것만으로 또

35) 롱첸랍잠쑹붐(隆欽绕隆智表威賽文集 5/26권)』, pp.31-32.

한 성불함으로써 크게 수승하니, 본속(本續)에서, '에마! 이것은 크게 수승하니, 모든 사람이 행할 바의 경계가 아니니, 다섯 감관이 온전하지 못하고, 남녀노소와 선악의 차별이 없고, 습기의 좋고 나쁨이 없이, 이것을 수지함으로써 성불한다. 최소한 숨결에 닿기만 할지라도 또한 해탈한다. 붓다의 종성을 계승하는 유일한 아들이다'고 함으로써, 이와 같은 법은 여섯 가지 특별한 점에 의해서 수승하니, 아무나 누리는 경계가 아니다. 남섬부주 이외의 다른 곳에는 있지 않음을 믿는다.

① 이 딴뜨라는 단지 몸에 걸치는 것으로서 충분하니, 글자를 보지 않아도 되기 때문이다. 눈이 멀어도 또한 괜찮으니[36], 다른 모든 밀속들은 경전을 봄에 의지함으로써 눈이 없으면 글뜻을 이해하지 못함으로써 의미가 없으나, 이 딴뜨라는 단지 몸에 걸치는 것만으로서 충분하기에 크게 수승하다.

② 이 딴뜨라는 귀가 먹어도 또한 괜찮으니, 들음에 의지하지 않

36) '눈이 멀어도 또한 괜찮으니'는 '믹롱양또와메도(Mig loṅ yaṅ to ba med do)'의 번역이나, '또와(To ba)'의 의미가 분명하지 않다.

기 때문이다. 다른 딴뜨라들은 들음에 의지하지 않고서는 해탈하지 못하나, 이 딴뜨라는 단지 몸에 걸치는 것만으로서 충분하기에 크게 수승하다.

③ 이 딴뜨라는 행위에 의지하는 법이 아니니, 몸이 불구거나 손상되어도 또한 괜찮으니, 다른 딴뜨라들은 몸과 말의 행위와 염송에 의지하지 않고서는 의미가 없으나, 이 딴뜨라는 단지 몸에 걸치는 것만으로서 충분하기에 크게 수승하다.

④ 이 딴뜨라는 습기의 좋고 나쁨이 없고, 얇고 두터움이 없는 법이니, 다른 딴뜨라들은 닦지 않으면 의미가 없음이 허다하나, 이 딴뜨라는 닦음이 필요하지 않으니, 단지 몸에 걸치는 것만으로서 충분하기에 크게 수승하다.

⑤ 이 딴뜨라는 나이가 젊고 늙음이 없는 법이니, 다른 딴뜨라들은 어린 시절부터 생기발랄한 풍맥(風脈)의 수련을 필요로 함이 허다하나, 이 딴뜨라는 단지 숨결에 닿는 것만으로 충분하고, 몸에 걸치는 것만으로 충분하기에 크게 수승하다.

⑥ 이 딴뜨라는 선업과 악업의 이숙(異熟)에 물들지 않는 법이니, 다른 딴뜨라들은 선악의 취사를 행하지 않으면 결과를 얻지 못하니, 이전에 비록 오무간업(五無間業)을 지었을지라도 이 딴

뜨라와 만나면 악도에서 해탈하니, 이 딱돌 딴뜨라는 크게 수승하다.

이 딱돌 딴뜨라는 어떤 중생의 숨결에 닿는 것만으로 충분하고, 이것을 어떤 중생의 몸에 걸치는 것은 '붓다의 종성을 계승하는 것이기에 붓다의 유일한 아들이다'라고 말한다. 이 딱돌 딴뜨라를 몸에 수지하는 것으로 발생하는 공덕을 열어 보임이다. 유업(遺業)을 타고난 선근자와 만나지이다! 싸마야(Samaya, 誓言)! 갸(rGya, 封印)! 갸(rGya, 封印)! 갸(rGya, 封印)![37]

넷째, 딱돌(몸에 걸침을 통한 오온의 자연해탈)을 수지하고 독송 함으로써 발생하는 공덕의 상징을 딱돌딱땐띡까(bTags grol rtags bstan ṭikkaḥ, 身繫解脫表象續疏)에서 다음과 같이 설하였다.

"이 딴뜨라를 몸에 걸치고 지님으로써 해탈하는 상

37) 롱첸랍잠쑹붐(隆欽绕隆智表威賽文集 6/26권),pp.79-80.

징을 열어 보인다. '에 마! 이 딱돌을 수지하는 사부(士夫)는 삼세의 불세존의 영탑(靈塔)이다'라고 함으로써, 이 딴뜨라를 몸에 걸치고 지니는 사람은 제불의 종성을 계승하는 유일한 아들인 것이다. '그가 입멸할 때 유체를 태움으로써'라고 함은, 그와 같은 딱돌을 수지한 그 사부가 입적할 때 광대한 공양을 차려서 올리고, 한적하고 정결한 장소에 다비각(茶毘閣)을 세우고, 그 바닥에 넓적한 솥을 걸고 그 위에 유체를 안치하고, 전단과 측백나무를 쌓는다. 깨끗한 채종유(菜種油)를 뿌리고 구루와 서언을 준수하는 도반들이 의궤대로 유체에 불을 붙인다.

이 때 일어나는 상징을, '무지개와 광명과 빛살과 연기의 모양'이라고 함이니, 다비각의 천장에 뚫린 구멍에 무지개가 서리고, 푸른 연기가 위로 솟아오르고, 오른쪽으로 선회한다. 불빛이 희고 밝고, 흔들림이 없이 불꽃의 종류가 붓다의 지물(持物)처럼 발생한다.

'연기가 사그라질 때 표상을 관찰하라. 다섯 종류의 영골(靈骨: 舍利) 또는 한 가지가 반드시 출현한다'고 함으로써, 그 사부의 종성에 의해서 다섯 종류의 영골이 출현하거나 또는 그 가운데 어떤 하나가 반드시 나오니, '불퇴전(不退轉)의 요가의 표상이다. 금강·보생·연화부족의 영골과 갈마와 여래부족의 영골이다'라고 함으로써, 딱돌을 몸에 지닌 그 사부는 불퇴전의 경지에 오른 상징으로 금강부족의 영골과 보생부족의 영골과 연화부족의 영골과 갈마부족의 영골과 여래부족의 영골 다섯 가지 또는 한 가지가 나오는 것이다.

[신금강(身金剛)을 성취한 상징은,] '혈액과 살과 몸과 사지와 4대원소의 응집의 다섯에 의지해서 발생하니, 쌰리람(Śarīraṃ, 白色靈骨)과 추리람(Churīraṃ, 金色靈骨)과 바리람(Barīram, 靑色靈骨)과 냐리람(Ñarīraṃ, 綠色靈骨)과 빤짜람(Pañcaraṃ, 五色靈骨)의 다섯이다. 다섯 부족의 영골인 존상(尊像) 또한 나오니, 그것들은 신금강(身金剛)을 성취한 표상

이다'라고 함으로써, 살점의 영물로서 쌰리람(白色靈骨)이 나오니. 참된 성물(聖物)로 받들어 모신다.

혈액의 영물로서 추리람(金色靈骨)이 나오니, 견고한 금강부족의 성물로 받들어 모신다. 뼈의 영물로서 바리람(靑色靈骨)이 나오니, 보처불(補處佛)의 성물로 받들어 모신다. 사지의 영물로서 냐리람(綠色靈骨)이 나오니, 극도로 견고하니 갈마부족의 성물로 받들어 모신다. 오대원소의 정화로부터 빤짜람(五色靈骨)이 나오니, 오색을 지니며 여래부족의 성물로 받들어 모신다. 적정의 존상과 분노의 존상 가운데 어떤 것이 출현하면 또한 신금강(身金剛)을 성취한 상징이니, 이 이상은 신금강을 성취한 상징을 보임이다.

어금강(語金剛)을 성취한 상징은, '어금강을 성취한 표상으로 불빛과 소리가'라고 함으로써, 불빛은 빛 무리와 위로 솟음과 같음이 출현하면 [5일째에] 성불함이다. 소리 또한 [7일째 성불하는 상징으로] 우르릉 거리고, [14일째 성불하는 상징으로] 폭발하는 거친 소리가 일어난다. 그와 같이 발생하면 어금강(語金剛)을 성취한 표상이다.

의금강(意金剛)을 성취한 상징은, '무지개가 하늘에 걸려서 투명하게 빛나니, 반드시 의금강을 성취한 상징이다'라고 함으로써, 모든 유정의 심장 속의 청색과 흰색, 금색과 적색, 녹색의 정화를 마음의 상징으로 받들어 모심이다. 하늘이 투명하고 오색의 무지개가 출현하면 의금강(意金剛)을 성취한 상징이다.

영골(靈骨)이 발생하는 장소는 '다섯 종류의 영골(靈骨: 舍利)이 여기에서 발생하니, 머리와 혈액과 척추와 지분과 심장에서 발생한다'고 함으로써, 쌰리람(白色靈骨)은 머리에서 생기고, 추리람(金色靈骨)은 혈액에서 생기고, 바리람(靑色靈骨)은 척추에서 생기고, 냐리람(綠色靈骨)은 지분의 다리에서 생기고, 빤짜람(五色靈骨)은 심장에서 생긴다. 이들 영골들에 의해서 어떤 증과(證果)를 얻으면, 상징으로 이와 같은 증과가 발생한다.

'쌰리람(白色靈骨)과 추리람(金色靈骨)과 바리람(靑色靈骨)은 무생(無生)과 공덕과 보신을 얻고, 냐리람(綠色靈骨)과 빤짜람(五色靈骨)은 화신과 오신(五身)을 반드시 성취한다'고 함으로써. 쌰리람(白色靈骨)은 무생(無生)을 얻고, 추리람(金色靈骨)은 공덕이 자라나고, 바리람(靑色靈骨)은 보신을 얻고, 냐리람(綠色靈骨)은 화신을 얻고, 빤짜람(五色靈骨)은 오신(五身)을 얻는다.

'붓다의 오신(五身)과 오지(五智)가 이 딱돌 딴뜨라를 지님에 의해서 발생한다. 영골의 크기가 일정함이 없다고 설하였다'고 함으로써, 그러한 공덕들이 이 딱돌을 몸에 걸치고 지님에 의해서 일어난다. 영골의 종류가 많이 있음에도 한 가지만 나올지라도 앞서와 같은 공덕을 얻는다. 영골의 많고 적음도 정해짐이 없다.

[불과(佛果)를 원만히 구족한 이 딱돌 딴뜨라인] 대부용족첸뾔귀(ḥBras bu yoṅs rdzogs chen poḥi rgyud, 佛果圓滿具足大續)의 정수를 지니는 방법과 이타행과

상징을 보임과 불과를 얻는 모양을 열어 보였다. 유업(遺業)을 타고난 선근자와 만나지이다! 갸(rGya, 封印)! 갸(rGya, 封印)! 갸(rGya, 封印)!"[38]

7. 딱돌을 그리고 지니는 법

바르도퇴돌에 수록된 딱돌의 품(品)에서, "이 원형의 진언 만다라를 네 손가락 넓이의 상품의 푸른 감색 종이 위에다 붓다의 색깔인 금물로 정자로 정결하게 쓰라. 위 아래가 뒤집힘이 없이 바로 한 뒤 비단으로 감싸라. 서언을 잘 받드는 청정한 요가사가 음력 8일 귀성(鬼星)[39]과 합하는 시간에 이것을 축복가지 한 뒤, [목숨이 다할 때까지] 몸에 걸거나 지니도록 하라"고 하였듯이, 딱돌을 몸에 걸치고 지니는 요점을 딱돌뇐몽랑돌기틱레(bTags grol ñon moṅs raṅ

38) 롱첸랍잠쑹붐(隆欽绕隆智表威賽文集 6/26권),pp.79-80.
39) 귀수(鬼宿)라고도 하며, 이십팔수의 스물세 번째 별자리의 별이다. 대한(大寒) 때 해가 뜨고 질 무렵에 천구(天球)의 정남쪽에 나타난다고 한다.

grol gyi thig le, 身繫解脫煩惱自然解脫明点)에 의거해서 정리하면, ① 몸의 온기가 다할 때까지 몸에 지닌다. ② 행주좌와를 비롯하여 모든 때와 장소에서 몸과 분리하지 않고 지닌다. ③ 남자는 왼쪽 겨드랑이에 찬다. ④ 여자는 오른쪽 겨드랑이에 찬다. ⑤ 망자의 시신과도 분리하지 않는다. ⑥ 망자의 경우, 선남선녀인 경우는 심장에 매어주고, 보통의 남녀는 목에 매어주고, 죄악을 지은 남녀는 이마에 매어준다.

8. 딱돌을 독송하는 때

딱돌(몸에 걸침을 통한 오온의 자연해탈)을 수지한 뒤 일상에 독송하거나 아니면 날짜를 정해서, 예를 들면, 음력 보름날과 8, 10, 18, 28일에 독송하고 공양하는 행위는 경문의 말씀대로 무변한 공덕을 낳을지라도, 특히 불길한 징조나 재난이 발생할 때 타인의 이익을 위해서 딱돌을 독송하면 좋고, 더욱이 다음과 같은 여덟 가지 현상들을 이 발생할 때 독송하도록 경전에서 설하고 있다.

그러한 여덟 가지는 ① 일식과 월식이 일어나거나, ② 지진이 나거나, ③ 하늘에 빛이 번쩍거리거나, ④ 소리가 울리거나, ⑤ 서리와 우박이 떨어지거나, ⑥ 유행병과 전염병이 돌거나, ⑦ 기근이 들거나, ⑧ 가축병이 도는 등의 여덟 가지 현상을 말한다.

이와 같은 여덟 가지 현상이 일어날 때 딱돌을 독송하는 법을 몇몇 논전에서 설하고 있으나, 쌉최시토족첸코르대랑돌래딱돌짱탑(深奧法靜猛大圓滿輪廻涅槃自然解脫:身繫解脫受持法)에서 설하는 독송법을 소개하면 다음과 같다.

"그와 같이 독송의 차제이니, 여기에는 여덟 가지의 시기가 있다. 일식과 월식이 일어나거나, 지진이 나거나, 하늘에 빛이 번쩍거리거나, 소리가 울리거나, 서리와 우박이 떨어지거나, 유행병과 전염병이 돌거나, 기근이 들거나, 가축병이 도는 때이다.

① 일식과 월식이 일어날 때, 내공(內供)과 외공(外供)을 경전에서 설한 바대로 차린 다음, 자기 자신이 청색의 비로자나불의 부모양존으로 변성한 뒤, 혀 끝에 빛나는 보배를 닦는다. 여섯 또는 아홉 명의 유가사가 딱돌을 독송하라. 독송의 법음이 삼계에 충만하고, 광선이 유정들을 해탈시킴을 관상하라. 회공만다라(會供曼茶羅)를 행하는 법식과 공덕들은 아래에 나오니 그것을 통해서 알도록 하라.

② 지진이 일어날 때, 자기 자신이 백색의 부동불(不動佛: 金剛薩埵佛)의 부모양존으로 변성한 뒤, 혀 끝에 빛나는 교저금강저(交杵金剛杵: 十字金剛杵)을 닦는다. 일곱 명의 유가사가 딱돌을 독송하라. 지진의 진동을 겪은 모든 유정들은 지금강불(持金剛佛)의 경지로 해탈한다.

③ 하늘에 빛이 번쩍거릴 때, 자기 자신이 금색의 보생불(寶生佛)의 부모양존으로 변성한 뒤, 혀 끝에 빛나는 보배를 닦는다. 다섯 명의 유가사가 딱돌을 독송하라. 소망하는 일체가 비처럼 내려서 고통을 없앤다. 빛의 번쩍임을 본 모든 유정들은 꾼뚜쌍뽀(普賢如來)의 경지에 들어가 해탈함은 의심할 바가 없다.

④ 소리가 울릴 때, 자기 자신이 적색의 아미타불(阿彌陀佛)의 부모양존으로 변성한 뒤, 혀 끝에 빛나는 여덟 꽃잎의 연꽃을 닦는다. 다섯 명의 비구와 다섯 명의 소녀가 딱돌을 100회에 걸쳐서 독송하라. 그 소리를 들은 모든 유정들은 극락정토에서 성불함이 의심할 바가 없다.

⑤ 서리와 우박이 떨어질 때, 자기 자신이 녹색의 불공성취불(不空成就佛) 의 부모양존으로 변성한 뒤, 혀 끝에 교저금강저(交杵金剛杵: 十字金剛杵)과 금강령(金剛鈴)[또는 이검(利劍)]을 닦는다. 그것에서 광명이 발산되어 장애를 소멸하고, 각자 원하는 바를 성취함을 관상한다. 서언을 지닌 열 한 명의 진언사가 딱돌을 21번 독송하라. 서리와 우박을 맞은 모든 유정들은 고통이 소멸한 뒤 환희세계(歡喜世界)로 가서 해탈함은 의심할 바가 조금도 없다.

⑥ 유행병과 전염병이 돌 때, 자기 자신이 녹색의 불공성취불(不空成就佛) 로 변성한 뒤, 혀 끝에 쇠갈고리(鐵鉤)을 닦는다. 그것에서 광명이 발산되어 광명에 의해서 질병이 소멸함을 관상한다. 몸에 장식물을 두른 일곱 명의 여인이 공양을 올리고, 어린아이들에게 놀이하는 것을 보여준다. 다섯 명의 율사가 딱돌을 21번 독송하라. 질병에 걸린 모든 유정들이 극락세계에서 성불한다.

⑦ 기근이 발생할 때, 자기 자신이 청색의 비로자나불의 부모양존으로 변성한 뒤, 혀 끝에 반월형금강저(半月形金剛杵)를 닦는다. 거기에서 빛살이 방출되어 기근을 소멸시키고, 원하는 결과를 충족시킴을 관상한다. 도살자와 외도와 악인에게 공양한다. 서언을 지닌 일곱 명의 진언사가 딱돌을 21번 독송하라. 눈에 보이는 범위에 모인 이들의 기근이 종식되고, 모든 이들이 꾼뚜쌍보(普賢如來)의 경지에 들어감은 의심할 바가 없다.

⑧ 가축병이 돌 때, 자기 자신을 청색의 비로자나불의 부모양존으로 닦으라. 스승과 형제자매의 아홉 명이 딱돌을 21번 독송한 뒤에 21개의 등불을 켜라. 그것에 의해서 가축의 질병들이 모두 종식된다. 육도의 모든 유정들이 원초의 법계에서 성불한다."[40]

40) 바르도퇴돌첸뫼최꼬르래까델당씬디딱돌쏙끼꼬르(Bar do thos grol chen moḥi chos skor las dkaḥ ḥgrel daṅ zin bris btags grol sogs kyi skor, 中陰法彙編3卷:釋難筆錄篇), pp.365-367. 북경 민족출판사, 2011, China

9. 유수성불(有修成佛)과 무수성불(無修成佛)의 길

바르도퇴돌의 딱돌의 본문에서, "또한 이것은 불법을 닦지 않고도 성불하는 법이라 딱돌(bTags grol, 몸에 걸침을 통한 자연해탈)이라 부른다. 이 진언 만다라를 보는 이는 누구나 성불함으로써 통돌(Thoṅ grol, 보는 것을 통한 자연해탈)이라 부른다. 이것을 접촉하는 이는 누구나 성불함으로써 렉돌(Reg grol, 접촉을 통한 자연해탈)이라 부른다. 이것을 낭송하는 소리를 듣는 이는 누구나 성불함으로써 퇴돌(Thos grol, 들음을 통한 자연해탈)이라 부른다. 이것을 낭송하는 숨결이 닿는 이는 누구나 성불함으로써 초르돌(Tshor grol, 느낌을 통한 자연해탈)이라 부른다"고 함으로써, 닦음이 필요 없이 성불하는 다섯 가지의 자연해탈을 설하고 있을지라도 일반불자가 제대로 이해하고 수용하기 어려운 법문이 아닐 수가 없다.

이제 딱돌의 가르침이 비록 삼신(三身)의 붓다들이 누리는 불가언설의 심오한 경계일지라도 범속한 불자들이 이것을 수지하고 독송해야 하는 소이를 간략하게 밝히면 다음과 같다.

먼저 딱돌의 교법은 오로지 삼신의 붓다들이 마음으로 전승하고 수용하는 가르침이니, 앞서 인용한 딱돌체와땐빼띡까(身繫解脫傳承與七大勝註)에서, "금강살타의 가지력(加持力)으로 자생적으로 가랍도제(極喜金剛)의 마음에 출현하다"라고 하였듯이, 이 법은 오직 법신의 붓다로부터 보신불에게 전해지고, 보신의 붓다께서 화신의 붓다에게 전승하는 가르침이니, 그것을 위의 같은 책에서 다음과 같이 설하였다.

"[이 딱돌딴뜨라(身繫解脫續)가] 어떻게 전승됨과 그것의 위대성을 열어 보임이다. '도사(導師)이신 꾼뚜쌍뽀(Kun tu bzaṅ po, 普賢如來) 부모양존께서, 자신과 다름이 아닌 금강살타(金剛薩埵)의 법기(法器)'라고 함은, 법신에서 보신의 마음으로 스스로 출생하고 스스로 출현하여 전승됨이다.

'금강살타의 가지력(加持力)으로 자생적으로 가랍도제(極喜金剛, dGaḥ rab rdo rje)의 마음에 출현한다'라고 함은, 보신의 가지의 심전승(心傳承)이 화신의 가랍도제(極喜金剛)의 마음에 스스로 출생하고 스스로 출현하여 전승됨이다. 화신의 가랍도제의 마음에 스스로 출생하고 스스로 출현하여 전승되는 것을 화신의 가랍도제(極喜金剛)께서 이 자생의 딴뜨라를 일곱 가지 위대함과 더불어서 아사리 쓰리씽하(吉祥獅子, Śrisiṅha)에게 부촉하였다.

그 부촉한 모양은, '쓰리씽하(吉祥獅子)에게 이 딱돌딴뜨라(身繫解脫續)를 부촉하니, 꼐 꼐(Kye kye)! 조끼(Joki, 요기) 쓰리씽하여, 현상과 윤회와 열반의 일체의 종자인 이것을 깨달음이 없이는'라고 함이니, 이 진실의(眞實義)의 딴뜨라의 대구결(大口訣)이, 깨닫지 못하는 법이 하나도 없음에 의해서, 일체의 종자인 큰 자생의 이것을 깨닫지 못하면 무의미함이다. -- 중략 --

화신의 가랍도제(極喜金剛)께서 그와 같이 설함으

로써, 쓰리씽하(吉祥獅子)의 자기 각성이 내심과 외경의 이현(二現)에서 해탈하였다. 자생의 의취에 환희하고, 이 아띠(Ati yoga, 最極瑜伽)의 과속(果續)을 수지하고, 아띠(Ati yoga)의 자기 활력이 언구로 출현한, 이 대부용족딱돌귀(ḥBras bu yoṅs rdzogs btags grol rgyud, 佛果圓滿具足身繫解脫續)를 아사리 쓰리씽하(吉祥獅子)께서 나 빠드마쌈바와(蓮花生)에게 부촉하였다."

다음은 평범한 불자일지라도 이것을 반드시 수지하고 독송해야 하는 소이이니, 이 딱돌딴뜨라가 삼신의 붓다들이 수용하는 경계로서 일반불자들이 행할 바가 아닌 것은 자명한 일이니, 그것은 마치 현교의 화엄경(華嚴經)의 현묘한 이치를 과위의 대보살이 아니면 제대로 수용하지 못함과 같은 것으로 의상스님께서 법성게(法性偈)에서, "이사명연 무분별(理事冥然 無分別) 십불보현 대인경(十佛普賢 大人境)"이라고 설파함과 같다.

그럼에도 불구하고 말세의 유정들의 이익을 위해서 화신의 붓다들인 가랍도제(極喜金剛)와 구루 빠드마쌈바와(蓮花生)께서 딱돌의 주석서와 교도서(敎導書)들을 저술하여 전수하시니, 예를 들면, 아사리 가랍도제(極喜金剛)께서 딱빼돌와르땐빠부찌기쌍델(身繫解脫教法獨子續秘註, bTags pas grol bar bstan pa bu gcig gi gsaṅ ḥgrel)과 딱돌닝뽀된티(身繫解脫要義教導, bTags grol sñiṅ po don khrid)를 지으시고, 구루 빠드마쌈바와(蓮花生)께서도 딱돌닝뾔귀(身繫解脫精髓續)를 비롯한 많은 주석서와 딱돌왼땐중출기띡까(身繫解脫功德出現續疏) 등의 저술을 남기신 것은, 말세의 오탁악세에 태어나서 불법을 닦고 해탈을 추구하는 범속한 불자들의 인지(因地)의 깨달음의 종자 위에 과위(果位)의 대해탈의 감로수를 뿌려서 깨달음의 싹이 트도록 가지함과 같기 때문이다.

이것은 위의 딱돌체와땐빼띡까(身繫解脫傳承與七大勝註)에서, "① 삼신(三身)의 붓다들이 차례로 전승하는 이 자생 딴뜨라의 일구(一句)는 실제로 자생의 지혜가 자기의 심속(心續)에 존재하고 이 각성에 의해서, 모든 딴뜨라의 의미를 능히 연설하니, ② '그가 이전에 오무간(五無間)을 지었을지라도 또한, 이 딴뜨라를 만나면 악도에 떨어짐이 있지 않다'고 함으로써, 이 각성의 자생의 지혜를 깨달을 때, 업(業)과 이숙(異熟)에 물들지 않으니, 비유하면, 허공에 물방울이 붙지 않음과 같이, 윤회와 열반이 법신으로 해탈하고, 악도에 들어가는 사람이 있지 않다. ③ '삼세의 모든 부처님들 또한, 이것을 걸치고 해탈하여 성불하니, 오신(五身)과 유정의 이익을 자연성취한다'고 함으로써, 과거와 미래, 현재의 삼세의 모든 부처님들 또한 자기 각성인 심속(心續)에 방편으로 이것을 걸치고 반야로 해탈하고, 닦지 않고 애씀이 없이 해탈함으로써 성불하고 불과(佛果)를 얻는다" 라고 함과 같이, 이 딱돌의 심오한 의취가 범속한 우리들의 마음에 본래로 존재하는 내 법신의 면모이기 때문에, 이것을 다시 회복해 가지기 위한 목적과 방편으로 이것을 몸에 수지해야 하는 것이다.

비록 이 딱돌의 법이 지극히 현묘해서 우리들이 행할 바의 경계는 아니지만, 항상 이것을 몸에 지니고 낭송하고, 그 의취에 통달하고자 수행하고, 또 한편 타인에게 전파하는 것은 비유하면, 이른 아침 비록 태양이 떠오르지 않았을지라도 여명(黎明)의 빛이 대지를 밝힘과 같이 딱돌에는 불가사의한 해탈의 공덕이 있기 때문이다. 이것은 법신의 자생의 진실어(眞實語)가 주는 어가피(語加被)인 진리의 힘이 감로의 이슬처럼 우리들의 마음흐름을 적셔줌으로써, 내면의 무의식 상태로 깊이 잠들어 있는 각성(覺性)의 지혜가 깨어나게 하는 역할을 하기 때문이다. 예를 들면, 우리들이 일상에 수지하는 육자대명주(六字大明呪)인 '옴 마 니 빳 메 훔'을 염송하는 것과 같으니, 비록 지금 우리들이 대비관음처럼 육도의 중생들을 온전히 구제하지 못할 지라도, 미래세에 대비관음을 성취하고자 하는 성불의 정인(正因)을 심고, 또한 그로 말미암아 얻는 육자진언의 본공덕(本功德)과 여덕(餘德)이 무량한 것과 같다고 할 수 있다.

결론적으로 이 딱돌 딴뜨라는 닦음이 필요 없는 무수성불(無修成佛)의 심오한 의취를 담고 있는 밀법(密法)으로 삼신(三身)의 붓다들이 자기의 경계로 향유하는 최상의 묘법인 까닭에, 일반적으로 닦아서 성불함을 주장하는 현교의 기반 위에서는 수용하기가 매우 어려운 법이라고 할 수 있다. 그러한 까닭에 딱돌에 대한 의심과 불신을 제거하고 올바른 믿음과 이해를 도모하기 위해서, 이제 최상의 근기와 중하의 근기들이 성불하는 두 가지 길인 무수성불(無修成佛)과 유수성불(有修成佛)의 차이점을 밀전(密典)의 교설을 빌어서 간략히 설명하면 다음과 같다. 먼저 틱레꾼쌜첸뽀(Thig le kun gsal chen po, 普光大明点續)의 유수무수변석품(有修無修辨析品)에서는 최상의 근기는 무수(無修)의 법으로 성불하고, 중하의 근기는 유수(有修)의 법으로 성불하는 길을 다음과 같이 설하였다.

“그 뒤 또한 [금강수보살(金剛手菩薩)] 비밀주(秘密主)께서, ‘께 께! 도사(導師) 지금강불(持金剛佛)이

시여, 유수(有修)와 무수(無修)의 차별은 어떠하나이까?'라고 아뢰었다. 그 뒤 또한 도사께서 말씀하시되, '금강수(金剛手)보살이여, 잘 들으라. 내가 연설한 불이(不二)의 대락(大樂)에는 닦음의 있음(有修)과 없음(無修)의 언설을 여의어서 실로 청정하다. 반야의 힘을 갖춘 자는 자기 각성의 의미를 깨달아 불이의 대락(大樂)의 상태에서 모이고 흩어짐이 없고, 추구함이 없이 놓아둠으로써 그 상태에서 움직임이 없이 빛나고, 그 흐름이 끊어짐이 없음이 갠지스 강물과 같다. 이것은 최상의 근기의 이익을 설함이다.

소의(所依: 人身)의 사부(士夫)로 반야의 힘이 중간인 자들에게는 유수 (有修)와 무수(無修)를 설한다. 반야의 힘이 낮은 유가행자에게는 닦지 않고서는 성불하지 하지 못함을 설한다. 께! 비밀주여, 반드시 기억토록 하라. 연꽃이 진흙 속에 있을지라도 더럽혀지지 않음과 같이, 안팎으로 착란 되게 출현하여도 또한 자기 각성이 착란에 떨어짐이 없고, 본래부터 물듦이 없고, 착란 됨이 없는 붓다이다. 선남자여, 아뢰야(阿賴耶)가 청정한 법신에 청정한 과(果)인 2가지 색신(色身)으로 장엄한 뒤, 실로 삼신(三身)이 모이고 흩어짐이 없음은 항아리 속의 등불처럼 지혜가 안에서 스스로 빛난다."[41)]

또한 팍람꾀빠(ḥPhags lam bkod pa, 聖道安置續)의 불중생평등차별품(佛衆生平等差別品)에서는 붓다가 제법에 들어가는 법과 중생이 제법에 들어가는 법을 밝힘으로써, 동일한 제법에 지혜의 차별로 인해서 두 가지 성불하는 문이 있게 됨을 다음과 같이 설하였다.

"본래 청정한 아뢰야(일체의 터전) 자체에는 붓다와 중생의 둘이 있지 아니하다. 아뢰야(阿賴耶)를 깨달은 붓다는 [청정한] 몸과 지혜의 자체로 존재하고, 그것을 깨닫지 못한 중생은 [부정한] 몸과 습기의 자체로 존재한다. 그 붓다와 중생의 둘이 아뢰야를 분별함에 있어서는 차별이 없으나, 도위(道位)의 단계

41) 닝마귄붐(舊密十萬續, Pa pa), pp.370-374. 참닥괸빠(mTsham brag dgon pa)의 목판 영인본, Butan.

에서 각각으로 나타난다. 비유하면, 약재인 빙편(氷片)과 같아서 처방을 알고 쓰면 성약이나, 모르면 생명을 해치는 원수이다. 그와 같이 밝고 비어 있는 [명공일여(明空一如)의] 아뢰야를 깨달으면 진실로 붓다이나, 깨닫지 못하면 윤회의 원인이 된다. 사물의 본성에는 착란이 있지 않을지라도 사연(四緣)[42]이 모임으로써 착란이 발생하니, 예를 들면, 소라의 본성에는 누런 빛깔 등의 착란이 있지 않을지라도 눈병이 든 사람에게는 누렇게 보인다. 깨달은 붓다는 [열여덟 가지의 섞임이 없는] 십팔불란문(十八不亂門)을 통해서 [제법에] 들어간다.

42) 네 가지 조건(四緣)은 사연(四緣)을 말하니, ①인연(因緣) 또는 인지연(因之緣)은, 결과의 본질을 산출하는 주된 원인인 능작인(能作因)을 제외한 나머지 오인(五因)은 인(因)이 되는 동시에 연(緣)이 됨으로써 인지연(因之緣)이라 한다. ②등무간연(等無間緣)이니, 마음과 함께 작용하는 심상응(心相應)의 심소법(心所法)들은 이전의 어떠한 한 법이 소멸하면서 뒤에 한 법을 일으키는 것을 등무간연이라 한다. 예를 들면, 의근(意根)이 소멸하는 그 즉시 의식(意識)이 발생함으로써 등무간연이 된다. ③소연연(所緣緣)이니, 식(識)을 대경의 모양에 의해서 일으키는 것이니, 외경인 색과 소리 등을 소연함으로써 발생하는 까닭에 소연연이라 한다. ④증상연(增上緣)이니, 결과를 산출하는데 강력하게 작용하는 주연(主緣)을 말하니, 눈 등의 다섯 감관은 자기의 결과인 오식(五識)을 일으키는 주된 연(緣)이 됨으로써 증상연이라 한다.

처음의 여섯 문을 통해서 제법에 들어감은, ① 존재도리가 무위(無爲)이며, ② 과(果)는 삼신의 구경에 도달함이며, ③ 인과(因果)의 둘에 의뢰하지 않으며, ④ 작위(作爲)의 법으로 성불하지 않으며, ⑤ 본래 존재하는 의취(義趣)를 깨달아서 무위의 법으로 성불하며, ⑥ 단박에 들어가는 길인 까닭에 [구경의 진실인] 요의(了義)에 대하여 전도되지 않는다.

중간의 여섯 문을 통해서 제법에 들어감은, ① 원인에서 발생하지 않는 결과, ② 언교(言教)에 의지하지 않는 구결(口訣), ③ 마음에 의뢰 하지 않는 성불, ④ 사대원소에 의거하지 않는 몸, ⑤ 과(果)를 여타에 희구하지 않음, ⑥ 삼세의 붓다가 자기 자신이다.

마지막의 여섯 문을 통해서 제법에 들어감은, ① 비공통의 공성, ② 비공통의 비밀, ③ 비공통의 안락, ④ 공성이 표준에 도달함, ⑤ 밝음(明分)이 표준에 도달함, ⑥ 안락이 표준에 도달함과 여소유성(如

所有性)과 진소유성(盡所有性)[43]을 요지하고, 거슬리는 역연(逆緣)의 방면들이 해소되고, 순연의 공덕들이 만개함으로써 일체지(一切知)의 붓다이다.

[이와는 달리] 깨닫지 못한 유정이 제법에 들어감은, ① 인과의 법에 의뢰하고, ② 습기를 익혀서 발생하고, ③ 작위(作爲)의 법에 의해서 성불하고, ④ 점진적으로 소원을 성취하고, ⑤ 미요의(未了義)의 법에 믿음을 낸다. 그와 같이 행함으로써 윤회가 소멸한다.

---

43) 일체법의 여소유성(如所有性)과 진소유성(盡所有性)을 아는 여소유지(如所有智)와 진소유지(盡所有智)의 2가지 지혜는 화신불이 소유하는 지혜이니, 그 세밀한 의미에 대하여 다탤규르(聲應成續)에서, "소지계(所知界, Śes bya)에 귀속되는 지혜는 2가지임을 알라. 여기서 소지진소유(所知盡所有)의 지혜를 설명하면, 이것으로 교화대상의 생각하는 바를 요지하니, 이타의 행위에 통달함으로써 제법의 자성을 앎이다. 지(Ji, 盡)라고 함은 [사물의] 존재도리이며, 녜(sÑed, 所有)는 빠짐없이 갖춤이고, 예(Ye)는 일체유정의 이익을, 쎼빠(Śes pa, 智)는 삼계의 구덩이에서 뽑아냄이니, 화신불의 지혜의 일면이니, 자기의 광경을 자기에게 갖춤이다. 여소유지(如所有智, Ji ltar mkhen paḥi ye śes)를 설명하면, 현분(現分)은 논설의 근거를 떠났으니, 자기의 광경이 땅의 그림자처럼 빛난다. 사물의 존재도리를 앎이니, 자리(自利)를 깨달음으로써 착란의 상속이 소진한다. 지(Ji, 盡)라고 함은 존재도리이며, 따와(lTa ba, 見)는 산란이 없이 행함이다. 켄빠(mkhen pa, 知智)의 막힘이 없음으로써 구족함이다, 예(Ye)는 길이 됨이다. 쎼빠(Śes pa, 智)는 표준에 도달함이다. 무조작의 대자연해탈에 의해서 아뢰야(一切所依)에 동요가 없이 머무름이다"고 하였다.

윤회가 소멸하는 원인도 3가지 들어가는 문과 2가지 찾음을 통해서이다. 찾는 법 둘과 들어가는 문 셋으로 [윤회를] 물리친다. [3가지 문은] 바깥의 문과 안쪽 문과 비밀의 문임을 알라. [2가지 찾음은] 본자리를 찾음 (So ru bcal)과 세밀하게 찾음(lHug pa bcal)이다.

[본자리를 찾음도 넷이니] 공성의 본자리와 각성의 본자리, 밝음의 본자리와 도리의 본자리이다. 이들은 별개가 아니며 하나의 본질이다.

세밀하게 찾음은 셋이니, 밖으로는 [눈 알음이(眼識)를 비롯한] 알음이(識)가 대경에 거두어짐을 끊고, 안으로는 마음에 거두어짐을 끊고, 마음을 [각성의 본래] 밝음과 무집착의 상태에 안치함이다.

반야를 방편으로 찾고, 방편을 반야의 감로로 거두고, [그 둘을 합일하는] 쌍운(雙運)에 의해서 성불한다. [비어 있고 밝은] 명공(明 空)의 각성(覺性)이 법신이며, 그것이 다른 곳에 있음이 아니니, 자기의 마음이 비어 있고 밝게 빛남이다.

[명공(明空)의 자기 각성이 법신임을 아는 지혜로운 자들은] 3가지의 무자유(無自由, dBaṅ med)에 의해서 윤회가 소멸하니, ① 현상이 자기임을 깨달을 때 혈육의 몸뚱이가 없어진다. ② [사념의] 일어남이 자기임을 깨달을 때 번뇌의 마음이 없어진다. ③ [몸의] 생명의 바람 또한 자기의 활력임을 깨달을 때 몸과 마음의 둘로 합침이 없다. 그 와 같이 셋에 의지해서 명공일여(明空一如)의 각성이 성불한다.

그와 같이 깨닫지 못하는 지혜가 낮은 자들은 6가지의 무자유(無自由)에 의해서 윤회에 유전한다. ① 현상이 자기 각성의 광경임을 알지 못함으로써 몸에 들어가지 않을 힘이 없다. ② [사념의] 일어남이 자기 각성의 출현임을 알지 못함으로써 마음에 들어가지 않을 힘이 없다. ③ [몸의] 생명의 바람이 자기 각성의 바람임을 알지 못함으로써 몸과 마음이 합치지 않을 힘이 없다. ④ 합쳐진 뒤에는 태어나지 않을 자유가 없고, 태어난 뒤에는 늙지 않을 힘이 없다. ⑤ 늙은 뒤에는 아프지 않을 자유가 없고, 아픈 뒤에는 죽지 않을 힘이 없다. ⑥ 죽은 뒤에는 삼계의 윤회에 유전한다."[44)]

끝으로 딱돌에서 설하는 5가지의 자연해탈은 최종적으로 임종과 더불어 발생하는 바르도(中有)에 귀결되니, 생시에 해탈을 얻은 상근은 임종의 바르도에서 법신으로 해탈하고, 그렇지 못한 중하의 근기는 법성의 바르도와 재생의 바르도에서 각자의 내증(內證)에 걸맞은 해탈을 얻게 된다. 특히 바르도(中有)의 상태에서 무수성불(無修成佛)을 천명하는 심오한 해탈법인 딱돌(bTags grol)과 퇴돌(Thos grol)의 해탈광경은 생시에 법성의 일면을 증득한 분증(分證)의 중근기에게 일어나는 주된 현상으로 이해해야 하며, 대신 하근의 범부들에게는 법성의 깨달음과 관련된

44) 닝마귄붐(舊密十萬續, Ka pa), pp.849-852. 참닥괸빠(mTsham brag dgon pa)의 목판 영인본, Butan.

내적인 현상들이 위주가 되기보다는 정토의 왕생과 천상과 인간에 태어나는 등의 외적인 선취의 광경들이 주로 발생한다고 보여 진다.

또한 중근기가 바르도에서 딱돌(bTags grol)과 퇴돌(Thos grol)의 법을 통해서 해탈하는 경우에도 생시에 법성의 광명에 대한 명확한 지견과 확신을 얻는 것이 필요하니, 잠뺄섈룽(ḥJam dpal shal luṅ, 文殊言教)에서, "이 색온(色蘊)의 자기 몸으로, 이생에서 이루지 못하여도, 의(意)가 금강신(金剛身)을 이룬 뒤, 바르도에서 바르게 성취한다"고 설함과 같이, 중근의 수행자들이 바르도에서 해탈하는 과정을 릭빠랑싸르귀(Rig pa raṅ śar rgyud, 覺性自現大續)의 이십일종근기중유해탈법품(二十一種根器中有解脫法品)에서 다음과 같이 설하였다.

"께! 승해(勝解)의 권속들은 경청하라. 내가 유정들의 무명을 밝히기 위해서 [바르도에서 법성의] 광경이 출현하는 법에 [중생의 21가지 근기에 따라]

21가지가 있음을 설하니, 이것을 잘 기억토록 하라. 유정의 근기는 셋으로 열어 보이니, 상근(上根)과 중근(中根)과 하근(下根)이다. 상근도 일곱이니, 상근의 하근과 상근의 중근과 상근의 상근, 상근의 상상(上上, Rab kyi phul)과 상근의 최상(最上, Rab kyi mchog)과 상근의 극상(極上, Rab kyi rtshe mo), 상근의 최극상(最極上, Rab kyi mthar phyin pa)이다. 이것이 상근의 구별이다.

여기에는 또한 ① [법성의 광명을] 보는 법이 각각이며, ② 지혜의 광명이 각각이며, ③ [지혜의 광명이] 발생하는 법이 각각이며, ④ [지혜의 광명을] 깨닫는 기준이 각각이며, ⑤ [화신의] 현상이 발생하는 법이 각각이며, ⑥ [지혜의 광명을 자기의 광명으로] 인식하는 시점이 각각이며, ⑦ [지혜의 광명을 보는] 의식의 보는 법이 각각이다. 그러나 [지혜의 광명이] 출현한 뒤 [자기의 근기에 대응하는] 각자의 광경에 [결정적 신해(信解)를 얻어] 견고함을 성취한다.

중근도 일곱이니, 중근의 하근과 중근의 중근과 중근의 상근, 중근의 상상(上上, Rab kyi phul)과 중근의 최상(最上, Rab kyi mchog)과 중근의 극상(極上, Rab kyi rtshe mo), 중근의 최극상(最極上, Rab kyi mthar phyin pa)이다. 이것이 중근의 구별이다. 여기서 또한 지혜가 발생하는 기준이 하나씩 발생한다. 이것이 중근의 구별이다.

하근도 일곱이니, 하근의 하근과 하근의 중근과 하근의 상근, 하근의 상상(上上, Rab kyi phul)과 하근의 최상(最上, Rab kyi mchog)과 하근의 극상(極上, Rab kyi rtshe mo), 하근의 최극상(最極上, Rab kyi mthar phyin pa)이다. 이것이 하근의 구별이다.

여기서 또한 [상근이 해탈하는 법은 이와 같다.]

① 상근의 [최극상(最極上, Rab kyi mthar phyin pa)]은 3찰나에 성불한 뒤 화신이 자연적으로 출현한다. 그 뒤 찰나에 [오광명의] 빛 덩어리가 소멸하고, 1찰나에 [오종성불(五種姓佛)과 사성지(四聖智)가 하나로 화합한] 자연성취의 광명이 발생한다. 1찰

나에 본래청정의 진리를 본다. 그 또한 화신은 본래청정의 경지에서 발출하지 않는다. 도위(道位)의 모든 관정들의 진실성을 얻는다. 비유하면, 별똥별이 허공을 가로지르는 모양이니, 그 별똥별에서 빛이 발산하는 그것과 같이 화신을 나툰 뒤에 중생의 이익을 행한다. 그 일을 삼일 째부터 행한다.

② 상근의 극상(極上, Rab kyi rtshe mo)은 하루 동안 바르도에 머문다. 사성지(四聖智)가 화합한 광명을 자기의 광명으로 본다. 그 또한 자기의 눈에서 2개의 지혜의 불이 일어난 뒤 창칼처럼 떨어지는 [광선의] 일체가 불탄 뒤 광명이 막힘없이 출현한 뒤, 그것을 자기의 의식이 감지한 뒤 자기의 경계로 본다. [사성지가 하나로 화합한] 자연성취의 경지에 결정적 신해를 얻은 뒤, 또한 [앞서 말한] 별똥별과 같음을 알도록 하라.

③ 상근의 최상(最上, Rab kyi mchog)은 이틀째 성불한다. 그 또한 [오광명의] 빛 덩어리에 하루 동안 머문다. 그 또한 자기 심장에서 지혜의 태양이 하나 출현하고, 거기서 빛살이 시방으로 발산하고, 그 빛살의 끝마다 여래의 몸이 하나씩 출현한다. 그 광경의 행하는 경계 일체를 [붓다의] 몸의 자성으로 본다. 그 뒤 [사성지가 하나로 화합한] 자연성취의 광명에 결정적 신해를 얻은 뒤, 화신을 칠일 째부터 현시해서 중생의 이익을 행한다. 또한 [앞에서 말한] 별똥별과 같음을 알도록 하라. [그 별

똥별에서 빛이 발산하는 그것과 같이 화신을 나툰다.]

④ 상근의 상상(上上, Rab kyi phul)은 3일 동안 바르도에 머문다. [오광명의] 빛 덩어리에 하루 동안 머문다. 그 또한 결정적 신해를 얻고 지혜의 광명에 자기의 광명이 한 쌍으로 출현한다. 그 또한 거기에 이틀 동안 머문다. 첫째 날에 광명을 본다. 이튿날에 [붓다의] 몸을 본다. 그 또한 크고 거침을 본다. 그것을 믿음으로써 [사성지가 하나로 화합한] 자연성취의 광명에 결정적 신해를 얻는다. 그 또한 [앞서 말한] 별똥별과 같음을 알도록 하라. 화신을 열하루째부터 현시해서 중생의 이익을 행한다.

⑤ 상근의 상근은 4일 동안 바르도에 머문다. 그 또한 자기의 앞쪽에서 오광명의 빛 덩어리가 눈부시게 반짝이며 머무는 것을 본 뒤, 그것에 의해 자기의 훈습이 깨어난 뒤 동쪽의 빛 덩어리 속에 하루를 머문다. 그와 같이 사방의 빛 덩어리마다 하루씩을 머문다. 그 뒤 [사성지가 하나로 화합한] 자연성취의 광명에 결정적 신해를 얻은 뒤 성불한다. 화신 또한 14일 째부터 현시해서 중생의 이익을 행한다.

⑥ 상근의 중근은 [5일 동안 바르도에 머문다] 5일째 [자기 앞쪽에서 오광명의 빛 덩어리가 눈부시게 반짝이며 머무는 것을]

본다. 이와 같으니, 4일 동안 오광명의 빛 덩어리에 머문다. 하루는 지혜의 광명에 머문다. 그 또한 자기 심장에서 말꼬리 만한 광선 하나가 발생하니, 그 또한 허공 가운데 수직으로 서 있다. 그것을 자기 눈을 움직이지 않고 바라봄으로써 허공 가운데 하나의 대광명의 빛 덩어리가 빛나는 것을 본 뒤, 그것에 확고한 믿음이 일어난 뒤, 그것이 자기라는 동일한 인식 하나가 일어난 뒤 믿음을 얻으니, 이것이 어머니의 가슴에 아들이 안기는 가르침이라 부른다. 그 뒤 그것에 자기 각성이 스미듯이 녹아듦이 불변의 황금수저와 같은 가르침이다. 거기에 또한 머무름이 없이 본래청정의 경지에 녹아듦이 다시는 돌아오지 않는 불퇴전의 대력의 화살과 같은 가르침이라 부른다. 화신을 20일 째부터 현시해서 중생의 이익을 행한다.

⑦ 상근의 하근은 6일이 걸린다. 4일 동안 오광명의 빛 덩어리에 머문다. 최초의 지혜의 광명인 법성의 경지[최니잉끼싸(Chos ñid dbyiṅs kyi sa)]에 하루 동안 머문다. 그 뒤 자기의 두 눈에서 빛나는 지혜의 거울 두 개가 동시에 출현하고, 거기에서 무량한 광명이 발산한 뒤, [그 가운데] 하나는 자기의 위쪽에서 빛나는 빛 덩어리 하나로 본다. 하나는 자기의 앞쪽에서 또한 빛나는 큰 빛 덩어리 하나로 본다. 그 뒤 [그것이 자신의 광명임을] 결정적 신해를 얻은 뒤 성불한다. 화신을 또한 25일 째부터 현시해서 중생의 이익을 행한다. 바(BHA) 두(DHU) 아(A) 쏘

따니까야다씽양루빠야아(ŚO TA NI KA YA DHA SIṄ YAṄ RU PA YA A)

그 뒤 또한 비밀주께서 이와 같이 아뢰었다. '께! 대도사(大導師)시여, 중근의 해탈법을 설하여 주소서!' 그 뒤 또한 도사께서 말씀하셨다. '비밀주여, 잘 경청하라. 내가 잘 설하리니 산란함이 없이 잘 경청하라. 그 또한 이와 같다.'

① 중근의 [최극상(最極上, ḥBriṅ gyi mthar phyin pa)]은 7일 째에 결정적 신해를 얻는다. 그 또한 5일 동안 오광명의 빛 덩어리에 머문다. 하루 동안 법계체성지(法界體性智)에 머문다. 하루 동안 대원경지(大圓鏡智)에 머문다. 그 뒤 자기의 심장에서 하나의 붓다의 몸이 출현하고, 거기에서 무수한 붓다들이 발출한다. 거기서 자기의 마음이 깨어나서 깨닫게 된 뒤, 또한 [앞서 말한] 별똥별과 같다. 화신 또한 26일부터 현시해서 중생의 이익을 행한다.

② 중근의 극상(極上, ḥBriṅ gyi rtshe mo)은 [결정적 신해를 얻는데] 8일이 걸린다. 또한 오광명의 빛 덩어리에 5일 동안 머문다. 사성지(四聖智)가 하나로 화합한 지혜의 광명에 3일 동안 머문 뒤, 자기의 위쪽에서 갖가지 지혜의 몸들이 발산됨을 모두 봄으로써 거기서 결정적 신해를 얻은 뒤 [성불한다]. 또한 [앞서

말한] 별똥별과 같다. 화신 또한 27일 째부터 현시해서 중생의 이익을 행한다.

③ 중근의 최상(最上, ḥBriṅ gyi mchog)은 [결정적 신해를 얻는데] 9일이 걸린다. 또한 오광명의 빛 덩어리에 5일 동안 머문다. [사성지(四聖智)가 하나로 화합한] 지혜에 4일 동안 머문다. 그 뒤 결정적 신해를 얻는다. 갖가지 광경의 일체를 거울처럼 밝게 깨닫고 봄으로써 견고함을 성취한다. 화신 또한 30일 째부터 현시해서 중생의 이익을 행한다.

④ 중근의 상상(上上, ḥBriṅ gyi phul)은 [결정적 신해를 얻는데] 10일이 걸린다. 또한 오광명의 빛 덩어리에 5일 동안 머문다. [사성지(四聖智)가 하나로 화합한] 지혜의 광명에 4일 동안 머문다. [오종성불(五種姓佛)과 사성지가 하나로 화합한] 자연성취의 광명에 하루 동안 머문다. 또한 그 모든 붓다의 몸들이 둘이 아님을 깨달은 뒤 성불한다. 화신 또한 31일 째부터 현시해서 중생의 이익을 행한다.

⑤ 중근의 상근은 [결정적 신해를 얻는데] 11일이 걸린다. 또한 오광명의 빛 덩어리에 5일 동안 머문다. [사성지(四聖智)가 하나로 화합한] 지혜에 5일 동안 머문다. [오종성불과 사성지가 하나로 화합한] 자연성취의 광명에 하루 동안 머문다. 그 뒤

결정적 신해를 얻어서 모든 현상들을 광명과 빛 무리로 본 뒤 결정적 신해를 얻는다. 화신 또한 34일 째부터 현시해서 중생의 이익을 행한다.

⑥ 중근의 중근은 [결정적 신해를 얻는데] 12일이 걸린다. 또한 오광명의 빛 덩어리에 5일 동안 머문다. 보신의 분노존의 정토에 하루를 머문다. [사성지(四聖智)가 하나로 화합한] 지혜의 광명에 5일 동안 머문다. 자연성취의 광명에 하루 동안 머문다. 그 뒤 결정적 신해를 얻어서 견고함을 성취한다. 화신 또한 37일 째부터 현시해서 중생의 이익을 행한다.

⑦ 중근의 하근은 [결정적 신해를 얻는데] 13일이 걸린다. 위 아래에서 비치는 오광명의 빛 덩어리에 6일 동안 머문다. [사성지(四聖智)가 하나로 화합한] 지혜의 광명에 5일 동안 머문다. 자연성취의 광명에 이틀 동안 머문다. 갖가지 현상들을 등불의 만다라처럼 본 뒤 결정적 신해를 얻는다. 화신 또한 39일 째부터 현시해서 중생의 이익을 행한다. 바(BHA) 두(ḤDU) 다(DHA) 씽(SIṄ) 두빠양아(ḤDU PA YAṄ A) 괴(GOS)

그 뒤 또한 비밀주께서 이와 같이 아뢰었다. '께! 대비자(大悲者)시여, 하근의 해탈법을 설하여 주소서!' 그 뒤 또한 말씀하셨다. '비밀주여, 잘 경청하라. 하근의 해탈법은 또한 이와 같다.'

① 그 또한 하근의 [최극상(最極上, Tha maḥi mthar phyin pa)]이 [지혜의 광명인 법성의] 경지을 붙잡음은 14일이 걸린다. 그 또한 위 아래에서 비치는 오광명의 빛 덩어리에 6일 동안 머문다. 지혜의 광명에 5일 동안 머문다. 자연성취의 광명에 3일 동안 머무른 끝에 자기의 광명을 본 뒤 성불한다. 화신 또한 40일 째부터 현시해서 중생의 이익을 행한다.

② 하근의 극상(極上, Tha maḥi rtshe mo)은 15일이 걸린다. 오광명의 빛 덩어리와 지혜의 광명에 머무름은 위와 같다. 자연성취의 광명에 4일[45] 동안 머무른 끝에 자기의 광명을 봄으로써 견고함을 얻는다. 화신 또한 43일 째부터 현시해서 중생의 이익을 행한다.

③ 하근의 최상(最上, Tha maḥi mchog)은 16일이 걸린다. 오광명의 빛 덩어리와 지혜의 광명에 머무름은 위와 같다. 자연성취의 광명에 5일 동안 머무른 끝에 자기의 광명을 봄으로써 견고함을 얻는다. 화신 또한 46일 째부터 현시해서 중생의 이익을 행한다.

④ 하근의 상상(上上, Tha maḥi phul)은 17일이 걸린다. 오광명의

45) 원문에는 하루로 나오나 오기(誤記)라고 본다.

빛 덩어리와 지혜의 광명에 머무름은 위와 같다. 자연성취의 광명에 6일[46] 동안 머무른 끝에 자기의 광명을 봄으로써 견고함을 얻는다. 화신 또한 47일 째부터 현시해서 중생의 이익을 행한다.

⑤ 하근의 상근은 18일이 걸린다. 또한 오광명의 빛 덩어리에 6일 동안을 지낸다. 지혜의 광명에 8일 동안을, 자연성취의 광명에 4일[47] 동안 머무른 끝에 자기의 광명을 봄으로써 견고함을 얻는다. 화신 또한 50일 째부터 현시해서 중생의 이익을 행한다.

⑥ 하근의 중근은 19일이 걸린다. 또한 오광명의 빛 덩어리에 12일 동안을 지낸다. 지혜의 광명에 4일 동안 머문다. 자연성취의 광명에 3일 동안 머무른 끝에 자기의 광명을 봄으로써 견고함을 얻는다. 이 근기의 유정들 모두가 붓다의 경지에 오른다. 그 바르도의 유정들 모두가 비유하면 꿈과 같다.

⑦ 하근의 하근은 20일 동안 머문다. [또한 오광명의 빛 덩어리에 18일 동안을 지낸다. 지혜의 광명에 2일 동안 머문다.] 그 뒤 자연성취의 광명에서 길을 얻은 뒤, 부정한 윤회의 문에서

46) 원문에는 10일로 나오나 오기(誤記)라고 본다.
47) 원문에는 3일로 나오나 오기(誤記)라고 본다.

길을 얻은 뒤, 시방의 화신의 정토에 머무른 뒤, 바르도가 없이 성불한다."[48)]

48) 닝마권붐(舊密十萬續, Da pa), pp.559-567, 참닥괸빠(mTsham brag dgon pa)의 목판 영인본, Butan.

2장

바르도퇴돌의 딱돌의 본문

몸에 걸침을 통한 오온의 자연해탈[49)]

본초불 싸만따바드라(普賢如來)의 부모양존과
무량한 적정과 분노의 성중들께 예배합니다.

정맹백존(靜猛百尊)의 진언이 하나로 모아진 몸에 걸침을 통한 오온의 자연해탈인 딱돌(bTags grol)을 적는다.

에 마 호!
이것을 가지는 유가사는 행운이 무량하도다!
이것을 만나는 유가사는 행운이 무량하도다!
이것을 지니는 유가사는 행운이 무량하도다!
이것을 낭송하는 유가사는 행운이 무량하도다!

49) 원제목은 "몸에 걸침을 통한 오온의 자연해탈"을 뜻하는 "딱돌풍보랑돌(bTags grol phuṅ po raṅ grol)"이다.

이것은 스스로 출현한 정맹백존의 만뜨라(眞言)이다!

이것은 선정이 필요 없는 읽어서 해탈하는 법이다!

이것은 닦음이 필요 없는 걸쳐서 해탈하는 법이다!

이것은 정화가 필요 없는[50] 닿아서 해탈하는 법이다!

이것은 사유가 필요 없는 느껴서 해탈하는 법이다!

이것은 단지 만나는 것 만으로 해탈하는 법이다!

이것은 다섯 가지 쌓임인 오온(五蘊)의 자연해탈이며, 선근자들이 누리는 큰 경계로다!

• 본초불 싸만따바드라의 극선의 의취가 아띠요가(最極瑜伽)의 자생진언(自生眞言)으로 다음과 같이 출현하였다.[51]

---

50) 이 구절은 '장미괴(sByaṅs mi dgos)'의 옮김으로 보통 '익힘이 필요 없음'을 뜻하나, 여기서는 닦음 없이 성불하는 법인 '딱돌'의 의취에 비춰볼 때 번뇌와 죄업 등의 '정화가 필요 없는' 쪽이 더 타당하다고 본다.

51) 이 단원에 나오는 싸만따바드라(普賢如來)의 합체존의 진언을 비롯한 많은 진언들은 저자의 판본의 부정확성으로 인해, 정맹백존의 진언등을 『닌다카조르(日月相合續)』 등에서 인용 보유한 Gyurme Dorje의 The Tibetan Book Of The Dead(London: Penguin Books, 2005)의 표기를 대부분 따랐다. 그리고 독송하기 쉽도록 임의로 글자 사이를 구분하기도 하였다.

옴 아 훔, 에마 끼리끼리, 마쓰따 발리발리, 싸미따 쑤루쑤루, 꾼달리 마쑤마쑤, 에까릴리 쑤바쓰따예, 짜끼라 불리따, 짜예싸문따 짜르야 쑤가예, 비띠싸나 브야굴리예, 싸까리 두까니, 마따리 베따나, 빠랄리 히싸나, 마카르따 껠라나, 쌈부라따 마이까 짜라땀바, 쑤르야 가따라예 바샤나, 라나비띠 싸구띠빠야, 구라구라 빠가카라날람, 나라나라이 타라빠딸람, 씨르나 씨르나 베싸라쓰빨람, 붓다붓다 치쌰싸겔람, 싸싸- 리리- 리리- 이이- 마마- 라라- 라하 아-

OṂ ĀḤ HŪṂ EMA KIRIKIRI MASTA BHALIBHALI SAMITA SURUSURU KUNDHALI MASUMASU EKARILI SUBHASTAYE CAKIRA BHULITA CAYESAMUNTA CARYA SUGHAYE BHITISANA BHYAGHULIYE SAKARI DHUKANI MATARI BHETANA PARALI HISANA MAKHARTA KELANA SAMBHURATA MAIKA CARATAMBA SURYA GHATARAYE BASHANA RANABHITI SAGHUTIPAYA GHURAGHURA PAGHAKHARANALAM NARANARAYI THARAPAṬALAṂ SIRNASIRNA BHESARASPALAṂ BHUDDHABHUDDHA CHIŚASAGHELAṂ SASĀ ṚṜ ḶḸ IĪ MAMĀ RARĀ LAHA Ā

이 싸만따바드라의 밀의에 의해서, 의집[52]의 릭빠(覺性)가 자연해탈하여, [진언광명의] 금강의 빛 고리

52) 의집(意執)은 '이진(Yi ḥdzin)'의 옮김이며, 번뇌의 분별을 행하는 의식 작용을 뜻한다.

[53]로 해탈한다.[54] 보현여래와 분리됨이 없이 하나로 본래청정의 [보현의 경계에서] 해탈시키는 지존한 26음절의 진언에 의해서, [다비할 때] 구름 없는 청명한 하늘이 출현한다.

• 본초불 싸만따바드리(普賢佛母)의 극선의 의취가 아띠요가의 자생진언으로 출현하니, 이것은 범속한 몸・말・뜻 셋을 본래 청정의 [보현의 경계에서] 해탈시키는 만뜨라의 정수이다.

옴 아 훔, 에마 끼리끼리, 마쓰따발리, 싸미따 쑤루쑤루, 꾼달리 마쑤, 에까릴리 쑤바쓰따예, 짜따불리따, 짜예싸문따 짜르야 쑤가예, 비띠싸나 브야구예, 끼리다끼니 다까 마하보리, 따나빠라리히, 싸난카라 따껠람, 쌈붓다라따, 메가짜라 빠땀, 따빠 쑤르야 가따라아-, 마나빠라 비호, 띵구랄라, 마쓰민 싸구띨라, 따야 구라구라,

---

53) 금강의 빛 고리(金剛光明連環)는 '도제루구귀(rDo rje lu gu rgyud)'의 옮김이다. 이것은 둥근 구슬 같이 생긴 희고 붉은 따위의 다섯 가지 빛 방울들이 마치 염주처럼 실로 꿰어 있는 것으로 각성이 소유한 오광명의 활력을 비유한 것이다.

54) 이 구절의 쎼랍디메의 판본에서 인용하였으며, 이 구절의 원문은 "이진릭빠랑돌와, 도제루구귀두돌(Yi ḥdzin rig pa raṅ grol ba, rDo rje lu gu rgyud du grol)"이다. 또한 『린뽀체된마바르와(寶燈熾燃續)』에서도, "눈이 원소의 조건이 없는 데에 머묾으로써, 자기 각성이 빛 고리로 출현하는 그것을 구름 없는 하늘에서 잡도록 하라"고 설하였다.

랑가칼라 나날람, 나라나랄람, 이타르빠탈람, 씨르나씨르나 비싸랄람, 싸껠람, 싸싸- 리리- 리리- 이이- 마마- 라라-

OṂ ĀḤ HŪṂ EMA KIRIKIRI MASTA BHALI SAMITA SURUSURU KUNDHALI MASU EKARILI SUBHASTAYE CATABHULITA CAYESAMUNTA CARYA SUGHAYE BHITISANA BHYAGHUYE KIRIDHAKINI DAKA MAHĀBHORI TANAPARALIHĪ SANAṆKHARA TAKELAṂSAMBHUDDARATA MEGACARA PATAM TAPA SURYA GHATARA Ā MANAPARABHIHO TIṄGHURALA MASMIN SAGHUTILA TAYA GHURAGHURA RĀṆGAKHALA NARALAṂ NARANARALAṂ ITHARPATALAṂ SIRNASIRNA BHISARALAṂ SAKELAṂ SASĀ ṚṜ ḶḸ IĪ MAMĀ RARĀ

이 싸만따바드리의 밀의에 의해서, 제법의 법상[55)] 을 잡음이 각성의 무념무생(無念無生)[56)] 속에서 해탈

55) 제법의 법상(法相)은 '최끼챈니(Chos kyi mtshan ñid)'의 옮김이며, 모든 사물들의 고유한 자상(自相) 또는 자성(自性)을 말한다.

56) 무념무생(無念無生) 또는 염공무생(念空無生)은 '규똥께메(ḥgyu stoṅ skye med)'의 옮김이며, '각성의 분별활동이 공하여 본래 생함이 없음'을 말한다. 그러므로 『틱레꾼쌜첸뽀』에서, "규와(ḥgyu ba, 사념의 발산) 모두는 [각성의] 활력[활동]이다. 무호흡의 규와는 무분별의 활력이다"고 하였다. 또 한편 다른 판본에는 '염공무생(念空無生)' 대신 '[사념의] 천만변화가 본래 생함이 없음'을 뜻하는 '규르똥께메(ḥgyur stoṅ skye med)'로 나온다.

하게 하는 [만뜨라의] 정수이다.[57] 보현불모와 분리됨이 없이 하나로 본래청정[58]의 [보현의 경계에서] 해탈시키는 지존한 29음절의 진언에 의해서, [다비할 때] 구름 없는 청명한 하늘이 출현한다.

• 에 마 호! 깨달음의 공덕을 완전하게 갖춤을 표시하는 상징으로, 탐애를 물리치는 25가지 만뜨라(진언)를 열어 보인다.[59]

---

57) 이 구절은 남카최끼갸초(虛空法海)의 딱돌콜로첸뫼락렌씬디(身繫解脫大曼茶羅修證備忘錄)에 의거해서 교정한 "최끼챈니진빼릭빠규똥께메두(Chos kyi mtshan ñid ḥdzin paḥi rig pa ḥgyu stoṅ skye med du), 돌와르제빼닝보인(Grol bar byed paḥi sñiṅ po yin)"의 번역이다. 이 구절은 판본마다 큰 차이를 보이는데 쎄랍디메의 판본에는 "최끼챈니진빠이릭빼규똥께메두(Chos kyi mtshan ñid ḥzin pa yis rig paḥi ḥgyu stoṅ skye med du), 돌와르제빼닝보인(Grol bar byed paḥi sñiṅ po yin)"으로 나온다. 또 다른 판본에는 "최끼챈니댄빠이릭빠규르똥께메두(Chos kyis mtshan ñid ldan pa yi rig pa ḥgyur stoṅ skye med du), 돌와르챈니진빠이릭빠규르똥께메두(Grol bar mtshan ñid ḥdzin pa yi rig pa ḥgyur stoṅ skye med du), 돌와르제빼닝보인(Grol bar byed paḥi sñiṅ po yin)"으로 나온다. 또한 아사리 쓰리씽하(吉祥獅子)의 『딱돌땐빠부찍쌍델(顯身解脫敎法獨子續秘註)』에는, "제법의 법상을 잡는 각성을 사념의 발산이 공(空)해서 전혀 없음으로 해탈시키는 정수이다"를 뜻하는 "챈니진빼릭빠규똥찌메두돌와르제빼닝보(mTshan ñid ḥdzin paḥi rig pa ḥgyu stoṅ ci med du grol bar byed paḥi sñiṅ po)"로 나온다.

58) 본래청정은 '까닥(Ka dag, 本淨)'의 옮김으로, "본래부터 가리고 덮음과 습기의 더러움과 무지의 어두움과 번뇌의 더러움이 깨끗함"을 말한다.

59) 이 자생의 25진언 명점을 만나고 몸에 지니는 공덕에 대하여 『툭쌍와첸뽀(諸佛大密心續)』에서 다음과 같이 설하였다. "이것과 만나는 선근자가 중생

1) [다섯] 감관의 탐착을 물리치기 위하여, '까르마 락샤 기함띠(KARMA RAKṢA GHIHAṂTI)'를 보이니, 번뇌마(煩惱魔)를 제복하고 스스로 해탈함으로써, [다비할 때] 해맑은 홍색 무지개가 출현한다.

2) 오온(五蘊)의 탐착을 물리치기 위하여, '비까라나 쏘 가드 글링(BHIKARAṆA SO GAD GLIṄ)'을 보이니, 오온마(五蘊魔)를 제복하고 스스로 해탈함으로써, [다비할 때] 해맑은 금색 무지개가 출현한다.

3) 모든 외경(外境)에의 집착을 물리치기 위하여, '부가릴라 바두뜨리(BHUGARILA BHADHUTRI)'를 보이니, 천자마(天子魔)를 제복하고 스스로 해탈함으로써, [다비할 때] 해맑은 흰색 무지개가 출현한다.

4) 마음의 사물[60]을 날려 보내기 위하여, '라마깔라 싸미케(RAMĀKALA SAMIKHYE)'를 보이니, 사마(死魔)를 제복하고 스스

의 이익을 행하고자 원하면, 이것을 적은 청정한 경권을 어떤 사람이 저승으로 떠날 때, 사자의 정수리 또는 몸에다 걸어주고 화장하면, 광명이 발산하고 무지개 또한 출현한다. 억념의 마음이 법계에서 해탈하고 소리 또한 발생한다. 오도(五道)와 십지(十地)를 일시에 초월하고 대지 또한 진동한다."

60) 마음의 사물은 '쎔끼응오뽀(Sem kyi dṅos po)'의 옮김이다. 『딱돌땐빠부찍쌍델』에서, '마음은 망상분별을, 사물은 삼신(三身)'을 뜻한다고 하였다.

로 해탈함으로써, [다비할 때] 해맑은 녹색 무지개가 출현한다.

5) [좋고 나쁜] 느낌[61]을 본자리에서 단절시키기 위하여, '마땀파페라미띠(MATAMPHAPHE RAMITI)'를 보이니, 아뢰야식(阿賴耶識)이 본래청정의 상태에서 스스로 해탈함으로써, [다비할 때] 해맑은 청색 무지개[62]가 걸린다.

6) 윤회와 열반의 모든 법들의 현현을 자기의 현현으로 인식[63]하기 위하여, '카따 렉샤싸 믹 를룽(KHAṬA REKṢASA MIK RLUṄ)'을 보이니, 자기의 현현들이 본래청정의 상태에서 스스로 해탈함으로써, [다비할 때] 몸이 비단을 펼쳐 놓음과 같이 된다.

7) 릭빠(覺性)가 [해탈의] 견고한 성채에 진입하기[64] 위하여, '에까

---

61) 느낌은 '중초르(Byuṅ thsor)'의 옮김이다. 『딱돌땐빠부찍쌍델』에서, "중초르(Byuṅ thsor)는 안락과 고통의 둘이다"고 하였다.

62) 해맑은 청색 무지개가 걸리는 것은 아뢰야식이 청색을 본질로 하는 허공원소를 성품으로 삼기 때문이다.

63) 이 구절은 『딱돌땐빠부찍쌍델』에 의한 해석이니, "'뒤촉(ḥDus tshogs)은 윤회와 열반의 법을 남김없이'이며, '낭와(sNaṅ ba)는 현전해 있음'이며, '응오쑹치르(Ṅos gzuṅ phyir)는 자기의 현현으로'이다"라고 하였다. 원문은 "뒤촉낭와응외쑹치르(ḥDus tshogs snaṅ ba ṅos gzuṅ phyir)"이다.

64) 이 구절은 "릭빠쬔라르슉빼치르(Rig pa btson rar gshug paḥi phyir)"의 번역이며, 또한 '쬔라(bTson ra, 監獄)' 대신 '짼싸(bTsan sa, 城砦)'로 고쳤다. 『딱돌땐빠부찍쌍델』에서, "'릭빠((rig pa)는 상집(相執)의 각성이 망상분별 이것'이며, '짼싸르(bTsan sar, 城砦)라는 본자리를 잡는 각성의 금강의 빛 고리에'이며, '슉빼치르(gShug paḥi phyir)라는 깊은 핵심에 의

라나 베짝샤(EKARANA BHECAKṢA)'를 보이니, 물러남이 없는 불퇴지(不退地)[65]를 얻음으로써, [다비할 때] 쌰리람(Śarīraṃ, 紅色靈骨)이 출현한다.

8) 착란의 상속을 근절하기 위하여, '야리 무뜨라 싸굴리(YARI MUTRA SAGHULI)'를 보이니, 삼계가 본래청정의 상태에서 해탈함으로써, [다비할 때] 추리람(Churīraṃ, 靑色靈骨)이 출현한다.

9) 육도세계를 차례로 해탈시키기 위하여, '야씨람 를룽 빨라야(YASIRAṂ RLUṄ PALAYA)'를 보이니, 육도의 유정들이 본래청정의 상태에서 해탈함으로써, [다비할 때] 냐리람(Ñarīraṃ, 綠色靈骨)이 출현한다.

10) 윤회의 구렁에서 구출하기 위하여, '마마 꼴리남 싸만따(MAMA KOLINAM SAMANTA)'를 보이니, 악도의 구덩이를 파괴해 버림으로써, [다비할 때] 빤짜람(Pañcaraṃ, 五色靈骨)이 출현한다.

지한 뒤'이다"라고 하였다.

65) 법성을 증득하는 견도(見道)의 진실 또는 팔지(八地)의 불퇴전의 지위를 얻은 보살성자의 경계를 말한다.

11) 일체를 불변의 진실에 들여놓기[66] 위하여, '가릴람 바리맘띠(GHARILAṂ BARIMAṂTI)'를 보이니, 진실한 도리에 귀의함으로써, [다비할 때] 쎄르리람(Serrīraṃ, 金色靈骨)이 출현한다.

12) [제법이] 화현하는 [분별의] 근원[67]을 날려버리기 위하여, '부가씽하 팡갈라(BUGASIṄHA PHAṄGALA)'를 보이니, 스스로 나타나고 스스로 해탈[68]함으로써, [다비할 때] 갖가지 무지개들

---

66) 이것은 『딱돌땐빠부찍쌍델』에 의한 해석이며, 원문은 "최짼투르두슉빼치르(Chos can thur du gshug paḥi phyir)"이다. 『딱돌땐빠부찍쌍델』에서, "'최짼(chos can)'은 일체이다. '투르두(Thur du)'는 뜻이 변함이 없음의 의미이고, '슉빼치르(gShug paḥi phyir)'는 유일명점(唯一明点)에"라고 하였다.

67) 화현(化現) 또는 유희(遊戱)의 근원은 '롤빼중궁(Rol paḥi byuṅ khuṅs)'의 옮김이다. 이것은 부정한 윤회계의 모든 법들이 몸과 말과 마음의 변화임을 말한다. 이 뜻을 『틱레꾼쌜첸뽀』에서, "윤회의 자기 상속의 유희는 안과 밖과 물질계와 유정세계에 거두어지는 법들 가운데, 형상으로 나타난 것은 몸이니, 물속의 달처럼 잡지 못한다. 모든 소리와 언어는 말이니, 메아리와 같아 자성이 없다. 모든 기억과 분별은 마음이니, 물에 그림을 그리듯이 잡아도 자기 상속[주체]이 있지 않다. 그와 같이 형상들은 몸의 유희[현현]이며, 소리와 언어 모두는 말의 유희이며, 기억과 분별 모두는 마음의 유희이다. 그와 같이 깨닫지 못하고 유상(有相)의 상속을 붙잡는 그것이 윤회의 유희이다"고 설하였다.

68) 스스로 나타나고 스스로 해탈함은 '랑쌰르랑두돌(Raṅ śar raṅ du grol)'의 옮김이다. 이 뜻을 『도귀린뽀체죄슉』에서, "물에 물결이 가라앉듯이 어떤 분별이 일어나든 한순간 스스로 생겼다가 스스로 그침으로써 일어남과 해탈이 동시에 발생하는 그때, 자기의 고요하고 맑은 각성에 머무름이 사마타(止)이니, 나타나는 복덕자량과 생기차제를 자연성취 한다. 스스로 일어나고 해탈함이 위빠사나(觀)이니, 나타나지 않는 지혜자량과 원만차제를 성취함으로써, 합일의 쌍운(雙運)의 자성으로 [그것이] 원초부터 마음에 자연성취적으로 머문다"고 하였다.

이 현란하게 출현한다.

13) 애착의 사슬을 끊어버리기 위하여, '라미씨삐 케따빠(RAMISIPI KHETAPA)'를 보이니, 탐착의 대상들이 법계에서 해탈함으로써, [다비할 때] 하늘이 청명해 진다.

14) 광명의 빛 고리에 전념하기 위하여, '비쿠말라 바땀께(BHIKHUMALA BATAṂKE)'를 보이니, 증오증장상[69]을 이룸으로써, [다비할 때] 무지개로부터 갖가지 문양들이 하늘에 출현한다.

15) [오부종성의] 본존의 무드라(身印)를 보기 위하여, '싸마니와 데라바(SAMANIVA DHERABA)'를 보이니, 명지여량상[70]에 도달함으로써, [다비할 때] 본존의 형상이 출현한다.

16) 전도된 견해와 수행[71]을 바르게 하기 위하여, '바즈라싸뜨와

69) 이것은 족첸 딴뜨라에서 설하는 사상(四相)이라 옮기는 낭와시(sNaṅ ba bshi) 가운데 하나인 '법성의 깨달음이 자라나는 상태'인 증오증장상(證悟增長相)[냠낭공펠기낭와(Ñams snaṅ goṅ ḥphel gyi snaṅ ba)]을 말한다.

70) 이것은 사상(四相) 가운데 하나인 '각성이 여실하게 회복되는 상태'인 명지여량상(明智如量相)[릭빠채펩끼낭와(Rig pa tshad pheqs kyi snaṅ ba)]을 말한다.

71) 전도된 견해와 수행은 외도들의 그릇된 깨달음인 상주[영원]와 단멸[허무] 등의 변집견(邊執見)과 계금취(戒禁取) 등의 잘못된 수행을 말한다.

드리도메(VAJRASATTVA ḌṚḌHOME)'를 보이니, 각성이 스스로 온전하게 됨으로써, [다비할 때] 해맑은 흰색 무지개[72]가 출현한다.

17) 오도(五道)와 십지(十地)를 일시에 끊기 위하여, '게빠 쑤가르 남예(GHEPA SUGHAR NAMYE)'를 보이니, 오도와 십지를 일시에 완성함으로써, [다비할 때] 법성의 본연의 소리가 출현한다.

18) [진실을 모르는] 분별[73]의 망견(妄見)을 근절하기 위하여, '다르마 빠띠 싸굴리(DHARMA PATI SAGHULI)'를 보이니, 잘못됨이 법성의 본자리에서 해탈함[74]으로써, [다비할 때] 하얀 광선이 출현한다.

19) 붓다의 삼신(三身)을 행도로 삼기 위하여, '라쓰미 싸마카르 가드르쩨(RASMI SAMAKHAR GADRCE)'를 보이니, 삼신을 행도로

72) 해맑은 흰색 무지개가 걸리는 것은 색온(色蘊)의 금강살타가 백색을 본질로 하는 땅 원소를 성품으로 삼기 때문이다.

73) 여기서 분별은 '사찰의(伺察意)'로 번역하는 이쬐(Yid spyod)의 옮김이다. 사찰의는 사물의 진실을 날조하는 증익견(增益見)을 끊는 올바른 체험과 바른 논리에 의지하지 않고, 단지 마음의 허망한 분별 또는 부정확한 지적인 분석에 의지해서 사물의 진실을 파악하고 그것을 진리로 확정하는 잘못된 마음의 작용을 말한다.

74) 이 구절은 "골싸랑싸르돌내쑤(Gol sa raṅ sar grol nas su)"의 옮김이며, 쎄랍디메의 판본에서 인용하였다. 저자의 대본에는 "공싸랑싸르최내(Goṅ sa raṅ sar chos nas)"로 나온다.

삼음으로써, [다비할 때] 광명의 현상이 출현한다.

20) [법성의] 광경을 실제로 일으키기 위하여, '루빠 싸미 미딸리(RŪPA SAMI MITALI)'를 보이니, [다비할 때] 나신해탈[75]과 동시에 바람과 쎄르부[76]가 일어난다.

21) [사대원소의] 소리의 집착을 완전히 끊기 위하여, '응아띠 발라 길리싸(ṄATI BALA GILISA)'를 보이니, 불가언설의 법성의 경계에서 해탈함으로써, [다비할 때] 무지개와 광명을 볼 때 무념무상을 이룬다.

22) 대선정(大禪定)의 경지[77]을 제압하기 위하여, '갓차 빠얌빠 에땀(GHACCHA PAYAMPA ETAṂ)'를 보이니, 오도와 십지를 일시에 끊음[초월함]으로써, [다비할 때] 무지개와 광명을 볼 때 무분별이 발생한다.

---

75) 나신해탈(裸身解脫)은 '쩨르돌(gCer grol)'의 옮김으로 옷으로 가리고 덮지 않은 나체처럼, 법계의 실상을 있는 그대로 여실하게 보아서 해탈함을 말한다.

76) 쎄르부(Ser bu, 微風)는 바람의 다른 이름이다.

77) '대선정의 경지를 제압'함은 법성에 본래 갖추어진 자성의 대선정으로 사마타를 닦아 얻는 사선(四禪)과 무색정(無色定) 등을 제압하는 것이다. 이 뜻을 『닌다카조르(日月相合續)』에서, "[법성의 바르도 상태에서] 그때 자기 심장으로부터 극도로 미세한 하나의 광명이 출현한다. 그것이 모든 붓다들의 심장에 연결되어 나타나니, 그것을 자기의 마음으로 인식하게 되면, 무분별의 선정에 자연적으로 머물게 된다"고 설하였다.

23) 여래의 사업을 마지막에 발출하기[78] 위하여, '까르마 에까누싸(KARMĀ EKANUSA)'를 보이니, 법신의 본질과 자성과 대비 셋[79]으로 해탈함으로써, [다비할 때] 작은 사리(舍利)들이 허다하게 출현한다.

24) 성불의 집착을 물리치기 위하여,[80] '싼뜨리 마마 까르마따(SANTRI MAMA KARMĀTA)'를 보이니, 법・보・화 삼신이 본래

---

78) '여래의 사업을 마지막에 발출하기'는 '틴래타루융왜치르(ḥPhrin las mthaḥ ru dbyuṅ ba phyir)'의 옮김이니, 『딱돌땐빠부찍쌍델』에서, "'틴래(ḥPhrin las)'는 붓다의 사업이다. '타루(mThaḥ ru)'는 이생의 마지막에 숨이 끊어짐과 '융왜치르(dByuṅ ba phyir)'는 애씀이 없이 자연히 성취하게 위해서"라고 하였다.

79) 법신의 본질과 자성과 대비 이 셋은 법신이 소유한 3가지 속성을 말한다. 『쌍걔랑채첸뽀』에서, "붓다의 법신은 본질·자성·대비 세 모양으로 머문다. 자기 각성이 투명하고 눈부시게 빛나는 이것이 붓다의 본질이다. 자기 각성이 광명의 빛 덩어리로 머무는 이것이 붓다의 자성이다. 오광명의 공간 속에 오종성불의 몸으로 머무는 이것이 대비이다. [붓다의 법신이] 본질과 자성과 대비 셋으로 모이고 흩어짐이 없이 자기의 심장 가운데 머문다"고 설하였다.

80) '성불의 집착을 물리치기 위하여'는 '쌍걔응왼셴독빼치르(Saṅs rgyas mṅon shen bzlog paḥi phyir)'의 옮김이다. 『딱돌땐빠부찍쌍델』에서, "'쌍걔(Saṅs rgyas)'는 착란이 해소(解消, Saṅs)된 안락과 지혜가 만개(滿開, rGyas)한 자기 광경이며, '응왼셴(mṄon shen)'은 공통승(共通乘)이 붓다가 자생인 것을 알지 못하고, 의수(意修, Yid bsgom)의 습기로 얻고자 원하는 것을, '독빼치르(bZlog paḥi phyir)'는 삼신(三身)의 자기 광경이 자생으로 [출현함이다]"라고 하였다. 또한 족첸(大圓滿) 딴뜨라에서는 현교와는 달리 닦음을 통한 성불을 말하지 않는다. 이미 우리 몸 안에 붓다가 현존하기 때문이다. 그러므로 『꾼제걜뽀(普作王續)』에서, "추구하면 붓다를 법계에서 얻지 못한다. 이미 만들어진 까닭에 조작이 필요 없다. 이미 이루어진 까닭에 지금 닦을 필요가 없다. 무분별과 무념에 평등하게 안주하라"고 설하였다.

청정의 상태에서 해탈함으로써, [다비할 때] 하늘이 청명하고 무지개가 현란하게 뜬다.

25) 불자들의 자리를 찾기 위하여,[81] '응알라케 빠낄리싸(ṄALAKHE PAKILISA)'를 보이니, 이것을 몸에 걸치고, 진언의 숨결을 접촉하는 모두가 해탈함으로써, [다비할 때] 무지개와 작은 사리들이 허다하게 출현한다.

에 마 호! 싸만따바드라와 싸만따바드리의 불이의 의취가 하나로 스스로 출생하니, 각각의 진언에 의해서 해탈한다. 이것이 법성 본연의 소리가 스스로 출현하여 형성된 음절인, 25가지 진언의 명점(明点)들이다.

• 에 마 호! 그 뒤 싸만따바드라와 싸만따바드리께서 불이의 교합을 맺고, 남녀의 변화신들을 현시함으로써, 적정과 분노존의 백부종성(百部種姓)의 만다라가 출현하였다.

81) 이 구절은 "걜싸남끼내짼치르(rGyal sras rnams kyi gnas btsal phyir)"의 옮김이다. 『딱돌땐빠부찍쌍델』에서, "'불자(佛子, rGyal sras)'는 정등각 붓다의 종성을 지님이며, '들(rNams)'은 유루의 몸이 보이지 않게 무여열반에 들어감이다. '자리를 찾기 위하여(gNas btsal phyir)'는 본질이 남이 없는 자리는 인식을 여의고, 자성이 가림이 없는 자리는 안과 밖을 여의고, 대비가 막힘없는 자리는 친소를 여읨이다"고 하였다.

먼저 42명 적정존의 밀의가 복된 선근자들이 누리는 경계로서, 구름을 열치고 나타나는 태양처럼 법계의 하늘을 뚫고 출현하니, 자생의 밀의가 이처럼, '옴 아 훔 보디찟따 마하쑤카 즈냐나 다뚜 아(OṂ ĀḤ HŪṂ BODHICITTA MAHĀSUKHA JÑĀNA DHĀTU ĀḤ)'의 [16문자] 진언들로 나타났다. 42명 적정존의 의취가 하나로 융합한 이것에 의해서 분별의 덩어리가 본래청정의 대지혜의 법계에서 해탈함으로써, [다비할 때] 16문자의 금강 진언의 소리가 울리고, 무지개와 광명과 보석 같은 영골(靈骨)[사리]들이 무수하게 출현한다.

에 마 호! 그 뒤 42적정존의 붓다들의 의취가 다음과 같이 각각 출현하였다.

오부종성의 붓다들의 종자진언[82]으로 '옴 훔 쓰와 암 하(OṂ HŪṂ

82) 종자진언(種子眞言)은 바른 씨앗이 소정의 열매를 산출하듯이 잘못됨이 없는 인위(因位)의 근본진언도 바른 과덕을 탄생시키므로 종자진언이라 한다.

SVĀ ĀṂ HĀ)'[83)]의 자생의 다섯 인자문자(因子文字)가 출생하였다. 오온이 자연해탈한 뒤 오성지(五聖智)로 출현함으로써, [다비할 때] 다섯 가지 영골이 출현한다.

오부종성의 불모들의 종자진언으로 '뭄 람 맘 뺨 땀(MŪṂ LĀṂ MĀṂ PYĀṂ TĀṂ)'의 자생의 다섯 인자문자가 출생하였다. 오대(五大)가 자연 해탈한 뒤 오불모(五佛母)와 불이의 상태로 해탈함으로써, [다비할 때] 오색 무지개가 나타난다.

비로자나불(大日如來)의 밀의가 '옴 지나 직(OṂ JINA JIK)'[84)]으로 출생하니, 이것에 의하여 색온(色蘊)[85)]이 법계체성지로 해탈한다. [다비할 때] 해맑은 백색 무지개가 출현한다. 여래부족의 최상의 영골은 심장에서 생겨나는 오색의 빤짜람(Pañcaraṃ, 五色靈骨)이며, 오종성불의 몸을 성취함이다.

83) 오불의 종자진언들은 오성지(五聖智)와 오종불신(五種佛身)의 본성을 표시한다.

84) '지나직'은 승자(勝者)의 승리를 뜻한다. 곧, "무분별의 법계는 불선의 무더기에서 승리하고, 그로부터 발생하는 현재와 미래의 형색 또한 여래의 청정한 색신인 비로자나불로 일어난다"고 『도귀린뽀체죄슉3권』에서 설함으로써 색온을 비로자나불로 주석한 것이다.

85) 법성의 바르도에 나오는 식온(識蘊)의 비로자나불이 여기서 색온(色蘊)과 법계체성지로 나타나는 것은 '딱돌'에 인용된 경문과 '법성의 바르도'에 인용된 경문이 다르기 때문이다.

바즈라싸뜨와(金剛薩埵佛)의 밀의가 '훔 바즈라 드릭(HŪṂ VAJRA ḌHRĪK)'[86]으로 출생하니, 이것에 의하여 식온(識蘊)이 대원경지로 해탈한다. [다비할 때] 해맑은 청색 무지개가 나타난다. 금강부족의 최상의 영골은 혈액에서 생겨나는 청색의 추리람(Churiraṃ, 靑色靈骨)이며, 깨달음의 공덕이 자라남이다.

라뜨나쌈바와(寶生如來)의 밀의가 '쓰와 라뜨나 드릭(SVĀ RATNA ḌHRĪK)'[87]으로 출생하니, 이것에 의하여 수온(受蘊)이 평등성지로 해탈한다. [다비할 때] 해맑은 금색 무지개가 나타난다. 보생부족 최상의 영골은 황수[88]에서 생겨나는 금색의 쎄르리람(Serriraṃ, 金色靈骨)이며, 모든 소망을 성취함이다.

아미타불(無量光佛)의 밀의가 '암 아로릭(ĀṂ ĀRORIK)'[89]으로 출생하니, 이것에 의하여 상온(想蘊)이 묘관찰지로 해탈한다. [다비할

86) '바즈라 드릭'의 바즈라는 "현상과 공성이 둘이 아님이 금강이니, 그것을 파지함으로써 아축(不動)[바즈라싸뜨와(金剛薩埵)]이다"고 해서, 금강살타를 식온으로 설명한 것이다.

87) '라뜨나 드릭'의 라뜨나는 보석을, 드릭은 붙잡음을 말한다. "유정들의 모든 소망들을 채워줌으로써 보생(寶生)이다"라고 『도귀린뽀체죄슉3권』에서 설하였다.

88) 황수(黃水)는 호르몬에 해당하는 내분비물(內分泌物)이며, 내분비샘에서 분비되어 체액과 같이 체내를 순환하면 모든 신체기관에 여러 가지 중요한 작용을 행하는 물질의 총칭이다.

89) '아로릭'은 "교화의 대상인 유정들을 애집함으로써 아미타(無量光)이다" 라고 위의 책에서 설하였다.

때] 해맑은 홍색 무지개가 나타난다. 연화부족 최상의 영골은 살점에서 생겨나는 홍색의 쌰리람(Śariraṃ, 紅色靈骨)이며, 무생(無生)의 진리를 성취함이다.

아목가씻디(不空成就佛)의 밀의가 '하 쁘라갸 드릭(HĀ PRAJÑĀ ḌHRĪK)'[90]으로 출생하니, 이것에 의하여 행온(行蘊)이 성소작지로 해탈한다. [다비할 때] 해맑은 녹색 무지개가 나타난다. 갈마부족 최상의 유골은 골수에서 생성되는 녹색의 냐리람(Ñariraṃ, 綠色靈骨)이며, 화신의 몸을 성취함이다.

불모 다뚜위스와리(法界自在母)의 밀의가 '뭄 다뚜위쓰와리(MŪṂ DHĀTUVĪŚVARĪ)'[91]로 출생하니, 허공의 나타남[현상]이 스스로 해탈함으로써, [다비할 때] 해맑은 청색 무지개가 걸린다.[92]

90) '쁘라갸 드릭' 또는 '쁘라즈냐 드릭'은 "유정들을 이익을 위해 갖가지 지혜를 지님으로써 아목가씻디(不空成就)이다"라고 『도귀린뽀체죄숚3권(顯密文庫三卷)』에서 설하였다.

91) '다뚜위스와리'는 "허공 원소의 본성이 청정함으로 법계자재모(法界自在母)이다"라고 『도귀린뽀체죄숚3권』에서 설하였다.

92) 이것은 부정한 다섯 원소가 땅과 물, 불과 바람, 허공으로 나타나듯이, 청정한 다섯 원소가 오지와 오광명으로 나타남을 말한다. 그러므로 『틱레꾼쌜첸뽀(大普光明点續)』에서, "청질(淸質)의 오대 원소의 특성은 딱딱함이 없이 견고하고, 축축함이 없이 수렴하고, 움직임이 없이 이동하고, 뜨거움이 없이 태우고, 두루 미침이 없이 두루 미치는 광채이니, 법성과 법신으로 바뀜이 없다. 비유하면, 딱딱함이 없는 땅 원소는 법성과 법신과 둘이 아니다. 청정하고 무애하며 더러움이 없고, 일체가 그 상태에 거두어진다. 축축함이 없이 수렴하는 물 원소는 법성과 법신과 차별이 없다. (중

불모 붓다로짜나(佛眼佛母)의 밀의가 '람 드웨샤라띠(LĀṂ DVEṢARATI)'[93]로 출생하니, 땅 원소가 스스로 해탈함으로써, [다비할 때] 해맑은 백색 무지개[94]가 걸린다.

불모 마마끼(有我佛母)의 밀의가 '맘 모하라띠(MĀṂ MOHARATI)'[95]로 출생하니, 물 원소가 스스로 해탈함으로써, [다비할 때] 해맑은 금색 무지개[96]가 걸린다.

불모 빤다라와씨니(白衣佛母)의 밀의가 '빰[97] 라가라띠(PĀṂ RĀGARATI)'[98]로 출생하니, 불 원소가 스스로 해탈함으로써, [다비

략) 두루 미치는 지혜의 광휘를 갖춘 허공 원소는 두루 미침이 없는 광휘이다. 탁질의 원소들은 오광명의 본질로 해탈하고, 오광명은 청질의 다섯 원소의 본질로 은멸한다"고 설하였다.

93) '드에샤라띠'는 "제불여래의 여성 대신(大臣)임으로 붓다로짜나(佛眼母)이다"라고 『도귀린뽀체죄슉3권』에서 설하였다.

94) 원문에는 '금색의 무지개'이나, '백색의 무지개'로 고쳤다. 그 이유는 청정한 땅 원소에서 백색의 광명이 출현하기 때문이다. 이 뜻을 『틱레꾼쌜첸뽀』에서, "청질의 땅 원소로부터 백색의 광선이 발생한다. 그로부터 탁질의 대지가 나타난다. 그와 같이 청질의 원소들로부터 네 가지 광선이 발생한다. 그로부터 4가지 탁질[물과 불과 바람과 허공]이 나타난다"고 설하였다.

95) '모하라띠'는 "유정들을 자기의 소유로 여김으로 마마끼(有我母)이다"라고 『도귀린뽀체죄슉3권』에서 설하였다.

96) 원문은 '청색의 무지개'이나 청정한 물 원소의 색깔인 '금색의 무지개'로 고쳤다.

97) 다른 판본에는 '빰(PYĀṂ), 퍔(PHYĀṂ), 뱌(BHYĀ)'등으로 나온다.

98) '라가라띠'는 "번뇌의 더러움을 입지 않음으로 빤다라와씨니(白衣母)이다"라고 위에 책에서 설하였다.

할 때] 해맑은 홍색 무지개가 걸린다.

불모 싸마야따라(誓言度母)의 밀의가 '땀 바즈라라띠(TĀṂ VAJRARATI)'[99]로 출생하니, 바람 원소가 스스로 해탈함으로써, [다비할 때] 해맑은 녹색 무지개가 걸린다.

• 여덟 명의 남성보살들의 종자진언으로, '끄심 마이 훔 뜨람 흐리 뭄 틀림 짐(KṢIṂ MAI HŪṂ TRĀṂ HRĪḤ MŪṂ THLĪṂ JIṂ)'의 자생의 여덟 인자문자가 출생하니, 여덟 가지 의식(八識)들이 스스로 해탈하여 여덟 보살들과 불이의 상태를 이룬다. 그래서 [다비할 때] 작은 사리들이 허다하게 출현한다.

[끄시띠가르바(地藏菩薩)의 밀의가] '끄심 히라자야 쓰와하(KṢIṂ HIRĀjĀYA SVĀHĀ)'로 출생하니, 눈 알음이(眼識)가 스스로 해탈하여 지장보살과 불이의 상태를 이룬다.

[마이뜨레야(彌勒菩薩)의 밀의가] '마이 다라니 쓰와하(MAI DHARAṆĪ SVĀHĀ)'로 출생하니, 귀 알음이(耳識)가 스스로 해탈하여

99) '바즈라 라띠'는 "[갖가지 방편을 상징하는] 갈마금강저로 유정들을 윤회에서 구원함으로써 싸마야따라(誓言度母)이다"라고 위의 책에서 설하였다.

미륵보살과 불이의 상태를 이룬다.
[싸만따바드라(普賢菩薩)의 밀의가] '훔 싸라자야 쓰와하(HŪṂ SARĀjĀYA SVĀHĀ)'로 출생하니, 코 알음이(鼻識)가 스스로 해탈하여 보현보살과 불이의 상태가 된다.

[아까쌰가르바(虛空藏菩薩)의 밀의가] '뜨람 아 가르바야 쓰와하(TRĀṂ Ā GARBHAYAḤ SVĀHĀ)'로 출생하니, 혀 알음(舌識)이 스스로 해탈하여 허공장보살과 불이의 상태를 이룬다.

[아왈로끼떼쓰와라(觀音菩薩)의 밀의가] '흐리 하 훔 빠드마 바따마 쓰와하(HRĪḤ HA HŪṂ PADMA BHATAMAḤ SVĀHĀ)'로 출생하니, 몸 알음이(身識)가 스스로 해탈하여 관자재보살과 불이의 상태를 이룬다.

[만주쓰리(文殊菩薩)의 밀의가] '뭄 쓰리 암 라가야 쓰와하(MŪṂ ŚRĪ ĀṂ RĀGĀYA SVĀHĀ)'로 출생하니, 뜻 알음이(意識)가 스스로 해탈하여 문수보살과 불이의 상태를 이룬다.

[싸르와니와라나위스깜빈(除蓋障菩薩)의 밀의가] '틀림 니쌰 람바야 쓰와하(THLĪṂ NISĀ RAMBHĀYA SVĀHĀ)'로 출생하니, 아뢰야식(阿賴耶識)이 스스로 해탈하여 제개장보살과 불이의 상태를 이룬다.

[바즈라빠니(金剛手菩薩)의 밀의가] '짐 꾸루빠니 흐리 쓰와하(JIṂ KURUPĀṆI HRĪḤ SVĀHĀ)'로 출생하니, 염오(染汚)의 말나식(末那識)이 스스로 해탈하여 금강수보살과 불이의 상태를 이룬다.

이들 여덟 명의 남성보살들의 밀의에 의해서 팔식(八識)의 무더기가 스스로 해탈함으로써, [다비할 때] 갖가지 무지개의 광명들이 현란하게 일어난다.

• 여덟 명의 여성보살들의 종자진언으로, '훔 훔 뜨람 자 흐리 왐 호 아(HŪṂ HŪṂ TRĀṂ JAḤ HRĪḤ VAṂ HOḤ ĀḤ)'의 자생의 여덟 인자문자가 출생하니, 여덟 대경(八境)의 분별들이 스스로 해탈하여 여덟 여성보살들과 불이의 상태를 이룬다. 그래서 [다비할 때] 갖가지 천상의 꽃비가 하늘에서 내린다.

[라쓰야(具嬉天母)의 밀의가] '훔 라쓰예 싸마야 쓰뜨왐(HŪṂ LĀSYE SAMAYA STVAṂ)'으로 출생하니, 색진(色塵)의 분별이 스스로 해탈하여 라쓰야와 불이의 상태를 이룬다.

[뿌스빠(具花天母)의 밀의가] '훔 뿌스뻬 아웨쌰 쓰뜨왐(HŪṂ PUṢPE ĀVEŚĀ STVAṂ)'으로 출생하니, 과거의 분별이 스스로 해탈하여 쁘

스빠와 불이의 상태를 이룬다.

[말라(具鬘天母)의 밀의가] '뜨람 말레 싸마야 호(TRĀṂ MĀLYE SAMAYA HOḤ)'로 출생하니, 법진(法塵)의 분별이 스스로 해탈하여 말라와 불이의 상태를 이룬다.

[두빠(具香天母)의 밀의가] '자 두뻬 쁘라웨샤야 쓰뜨왐(JAḤ DHŪPE PRAVEŚAYA STVAṂ)'으로 출생하니, 향진(香塵)의 분별이 스스로 해탈하여 두빠와 불이의 상태를 이룬다.

[기따(歌吟天母)의 밀의가] '흐리 기띠 라가라 함(HRĪḤ GĪTI RĀGARA HAṂ)'으로 출생하니, 성진(聲塵)의 분별이 스스로 해탈하여 기따와 불이의 상태를 이룬다.

[알로까(明燈天母)의 밀의가] '왐 디빠 쑤키니(VAṂ DĪPA SUKHINĪ)'로 출생하니, 미래의 분별이 스스로 해탈하여 알로까와 불이의 상태를 이룬다.

[간다(塗香天母)의 밀의가] '호 간데 찟따 호(HOḤ GANDHE CITTA HOḤ)'로 출생하니, 현재의 분별이 스스로 해탈하여 간다와 불이의 상태를 이룬다.

[나르띠(舞蹈天母)의 밀의가] '아 느르띠 라가야미(ĀḤ NṚTI RĀGAYĀMI)'로 출생하니, 미진(味塵)의 분별이 스스로 해탈하여 나르띠와 불이의 상태를 이룬다.

이들 여덟 명의 여성보살들의 밀의에 의해서 여덟 대경(八境)의 분별들이 스스로 해탈함으로써, [다비할 때] 의식의 전이가 일어날 때, 하늘에서 꽃비가 내리고 천악이 울린다.

• 육도세계의 여섯 붓다들의 종자진언으로, '끄림 쁘람 뜨룸 끄샴 쓰룸 예(KRIṂ PRAṂ TRUṂ KṢAṂ SRUṂ YE)'의 자생의 여섯 인자문자가 출생하니, 여섯 번뇌[100]들이 스스로 해탈하여 육도에 탄생하는 자궁의 문을 파괴한 뒤, 육도에 화신을 현시함이 무진하여 끊어짐이 없고, [다비할 때] 작은 사리들이 허다하게 출현한다.

천상계의 붓다 인드라 샤따끄라뚜(帝釋王佛)의 밀의가 '옴 무니 끄림 쓰와하(OṂ MUNI KRIṂ SVĀHĀ)'로 출생하니, 교만의 업력으로 태어나는 천상계의 자궁의 문을 막는다.

100) 여섯 번뇌들은 육도세계에 각각 태어나는 원인이 된다.

수라계의 붓다 웨마찟뜨라(淨心如來)의 밀의가 '옴 무니 쁘람 쓰와하(OṂ MUNII PRAṂ SVĀHĀ)'로 출생하니, 질투의 업력으로 태어나는 수라계의 자궁의 문을 막는다.

인간계의 붓다 쌰꺄씽하(釋迦獅子)의 밀의가 '옴 무니 뜨룸 쓰와하(OṂ MUNI TRUṂ SVĀHĀ)'로 출생하니, 탐욕의 업력으로 태어나는 인간계의 자궁의 문을 막는다.

축생계의 붓다 드루와씽하(獅子善住佛)의 밀의가 '옴 무니 끄샴 쓰와하(OṂ MUNI KṢAṂ SVĀHĀ)'로 출생하니, 우치의 업력으로 태어나는 축생계의 자궁의 문을 막는다.

아귀계의 붓다 즈왈라무카(火焰口佛)의 밀의가 '옴 무니 쓰룸 쓰와하(OṂ MUNI SRUṂ SVĀHĀ)'로 출생하니, 인색함의 업력으로 태어나는 아귀계의 자궁의 문을 막는다.

지옥계의 붓다 다르마라자(法王佛)의 밀의가 '옴 무니 예 쓰와하(OṂ MUNI YE SVĀHĀ)'로 출생하니, 성냄의 업력으로 태어나는 지옥계의 자궁의 문을 막는다.

이들 여섯 명의 화신 붓다들의 밀의에 의해서 부정한 육도세계의 탄생의 문을 막은 뒤, 청정한 화신의 몸으로 중생의 이락을 행하며,

[다비할 때] 갖가지 모양의 오색구름이 하늘에 출현한다.

• 만다라의 네 문을 수호하는 여덟 남녀 분노명왕들의 종자진언으로, '훔 훔 훔 훔 자 훔 왐 호(HŪṂ HŪṂ HŪṂ HŪṂ JAḤ HŪṂ VAṂ HOḤ)'의 여덟 인자문자가 출생하니, 네 가지 탄생의 문을 파괴한 뒤 사무량(四無量)이 일어남으로써, [다비할 때] 네 가지 색깔의 무지개가 출현한다.

명왕 비자야(勝利明王)의 밀의가 '옴 바즈라 끄로다 비자야 훔(OṂ VAJRA KRODHA VIJAYA HŪṂ)'으로 출현하니, 상견(常見)의 분별에서 스스로 해탈한 뒤, 모든 식멸업(息滅業)을 성취한다.

명왕 야만따까(閻魔敵明王)의 밀의가 '옴 바즈라 야만따까 훔(OṂ VAJRA YAMĀNTAKA HŪṂ)'으로 출현하니, 단견(斷見)의 분별에서 스스로 해탈한 뒤, 모든 증익업(增益業)을 성취한다.

명왕 하야그리와(馬頭明王)의 밀의가 '옴 빠드만따끄리뜨 하야그리와 훔(OṂ PADMĀNTAKṚT HAYAGRIVA HŪṂ)'으로 출현하니, 아견(我見)의 분별에서 스스로 해탈한 뒤, 모든 회유업(懷柔業)을 성취한다.

명왕 암르따꾼달리(甘露旋明王)의 밀의가 '옴 바즈라 끄로다 암르따꾼달리 훔(OṂ VAJRA KRODHA AMṚTAKUṆḌALĪ HŪṂ)'으로 출현하니, 상견(相見)의 분별에서 스스로 해탈한 뒤, 모든 주살업(誅殺業)을 성취한다.

이들 네 분노명왕의 밀의에 의해서 상주와 단멸 등의 네 가장자리 견해가 스스로 해탈한 뒤, 네 가지 사업을 성취함으로써, [다비할 때] 백색과 황색, 홍색과 녹색 무지개의 광명이 출현한다.

수문천녀 바즈라 앙꾸쌰(金剛鐵鉤母)의 밀의가 '옴 바즈라 앙꾸쌰 자(OṂ VAJRA AṄKUŚA JAḤ)'로 출현하니, 화생(化生)의 문을 막고, 무량한 비심(悲無量心)이 일어난다.

수문천녀 바즈라 빠쌰(金剛絹索母)의 밀의가 '옴 바즈라 빠쌰 훔(OṂ VAJRA PĀŚĀ HŪṂ)'으로 출현하니, 태생(胎生)의 문을 막고, 무량한 자심(慈無量心)이 일어난다.

수문천녀 바즈라 쓰릉칼라(金剛鐵鏈母)의 밀의가 '옴 바즈라 쓰포따 왐(OṂ VAJRA SPHOTĀ VAṂ)'으로 출현하니, 난생(卵生)의 문을 막고, 무량한 희심(喜無量心)이 일어난다.

수문천녀 바즈라 간따(金剛振鈴母)의 밀의가 '옴 바즈라 간따 호(OṂ

VAJRA GHAṆṬĀ HOḤ)'로 출현하니, 습생(濕生)의 문을 막고, 무량한 사심(捨無量心)이 일어난다.

이들 42명의 적정존들의 마음에서 출현한 자생의 밀의에 의해서, [여덟 가지 의식의] 분별의 무더기와 다섯 가지 쌓임인 오온이 스스로 해탈함으로써, [다비할 때] 경이로운 영골과 사리와 무지개와 광명들이 출현한다.

• 에 마 호! 선혈을 마시는 60명의 분노의 헤루까[101)]들의 밀의가 복된 선근자들의 수용의 경계로서 구름을 열치고 나타나는 태양처럼 법계를 뚫고 스스로 출생하니, 그 자생의 밀의가 '옴 루루 루루 훔 뵤 훔(OṂ RULU RULU HŪṂ BHYOḤ HŪṂ)'의 여덟 인자문자로 출현하였다. 60명의 분노의 헤루까들이 하나로 화합한 이 밀의에 의해서, 번뇌의 분별들이 본래 청정의 대지혜의 법계 속에서 해탈함으로써, [다비할 때] 루루(RULU) 등의 여덟 문자의 금강의 진언성

101) 60명의 분노의 헤루까들은 평화로운 모습을 한 붓다들의 변형이다. 이 뜻을 『도제쎔빠규툴다와(金剛薩埵幻網續)』에서, "그 뒤 모든 제불께서 교화대상의 생각의 차별로 말미암아, 허공 끝에 이르도록 무수한 금강분노존의 몸으로 변성한 뒤, 흉신들을 제복하는 분노존의 만뜨라와 무량궁전을 출생시켰다"고 설하였다.

이 울리고, 흔들림이 없는 해맑은 하얀 불빛이 출현한다.

에 마 호! 선혈을 마시는 60명의 분노의 헤루까들의 밀의가 각각 스스로 출생하니, 여섯 근본 헤루까들의 종자진언으로 '훔 훔 훔 훔 훔 훔(HŪṂ HŪṂ HŪṂ HŪṂ HŪṂ HŪṂ)'의 자생의 여섯 인자문자가 출현하였다. 이것에 의하여 여섯 번뇌[102]가 스스로 해탈한 뒤, 여섯 근본 헤루까들과 불이의 상태로 해탈한다. 그래서 [다비할 때] 6가지 색깔의 불꽃이 출현한다.

여섯 헤루까 불모들의 종자진언으로 '훔 훔 훔 훔 훔 훔(HŪṂ HŪṂ HŪṂ HŪṂ HŪṂ HŪṂ)'의 자생의 여섯 인자문자가 출현하였다. 이것

102) 여섯 번뇌는 무명, 우치, 성냄, 교만, 탐착, 질투를 말한다. 각각의 뜻을 『닌다카조르』에서, "번뇌는 여섯 가지이다. 무명이란 인위[기본상태]의 착란분별의 측면을 붙잡음이다. 우치는 반야의 측면에서 착란함이다. 성냄은 일으키는 차례의 측면에서 착란함이다. 교만은 견해의 측면에서 착란함이다. 탐착은 현상의 측면에서 착란함이다. 질투는 깨닫지 못함의 측면에서 착란함이다. 이들을 비롯한 번뇌는 생각들을 붙잡는 심(心)과 억념들을 붙잡는 의(意)와 연결하는 습기와 모든 의심들의 기반이 되는 분별과 대경과 사물을 붙잡는 부분 등으로 셀 수 없이 많다"고 설하였다.

에 의하여 여섯 대경(六境)의 분별들이 스스로 해탈한 뒤, 여섯 헤루까 불모들과 불이의 상태로 해탈한다. 그래서 [다비할 때] 6가지 색깔의 무지개의 광명이 출현한다.

체촉헤루까(最勝飮血佛)의 밀의가 '옴 마하끄로다 마하쓰리 헤루까 훔 팻(OṂ MAHĀKRODHA MAHĀŚRĪ HERUKA HŪṂ PHAṬ)'으로 출생하니, 이것에 의하여 무명의 번뇌가 본래청정의 법계에서 해탈한다. [다비할 때] 흑갈색의 불꽃이 오른쪽으로 선회하고, 체촉헤루까와 분리됨이 없이 불이의 상태를 이룸으로써, 불퇴지(不退地)에서 해탈하니 여기에는 추호의 의심이 없다.

붓다헤루까(如來飮血佛)의 밀의가 '옴 붓다끄로다 마하쓰리 헤루까 훔 팻(OṂ BUDDHAKRODHA MAHĀŚRĪ HERUKA HŪṂ PHAṬ)'으로 출생하니, 이것에 의하여 우치의 번뇌가 본래청정의 법계에서 해탈한다. [다비할 때] 해맑은 하얀 불꽃이 위로 방사하고, 붓다헤루까와 분리됨이 없는 불이의 상태로 해탈함은 추호의 의심이 없다.

바즈라헤루까(金剛飮血佛)의 밀의가 '옴 바즈라 끄로다 마하쓰리 헤루까 훔 팻(OṂ VAJRAKRODHA MAHĀŚRĪ HERUKA HŪṂ PHAṬ)'으로 출생하니, 이것에 의하여 성냄의 번뇌가 본래청정의 법계에서 해탈한다. [다비할 때] 해맑은 암청색 불꽃이 동쪽으로 방사하며, 바즈라헤루까와 분리됨이 없이 동방의 묘희세계(妙喜世界)에 탄생함은 추호의 의심이 없다.

라뜨나헤루까(寶生飮血佛)의 밀의가 '옴 라뜨나 끄로다 마하쓰리 헤루까 훔 팻(OṂ RATNAKRODHA MAHĀŚRĪ HERUKA HŪṂ PHAṬ)'으로 출생하니, 이것에 의하여 교만의 번뇌가 본래청정의 법계에서 해탈한다. [다비할 때] 해맑은 금색 불꽃이 남쪽으로 방사하며, 라뜨나헤루까와 분리됨이 없이 남방의 길상세계(吉祥世界)에 탄생함은 추호의 의심이 없다.

빠드마헤루까(蓮花飮血佛)의 밀의가 '옴 빠드마 끄로다 마하쓰리 헤루까 훔 팻(OṂ PADMAKRODHA MAHĀŚRĪ HERUKA HŪṂ PHAṬ)'으로 출생하니, 이것에 의하여 탐욕의 번뇌가 본래청정의 법계에서 해탈한다. [다비할 때] 해맑은 암적색 불꽃이 서쪽으로 방사하며, 빠드마헤루까와 분리됨이 없이 서방의 극락세계에 탄생함은 추호의 의심이 없다.

까르마헤루까(羯磨飮血佛)의 밀의가 '옴 까르마 끄로다 마하쓰리 헤루까 훔 팻(OṂ KARMAKRODHA MAHĀŚRĪ HERUKA HŪṂ PHAṬ)'으로 출생하니, 이것에 의하여 질투의 번뇌가 본래청정의 법계에서 해탈한다. [다비할 때] 해맑은 암녹색 불꽃이 북쪽으로 방사하며, 까르마헤루까와 분리됨이 없이 북방의 묘업세계(妙業世界)에 탄생함은 추호의 의심이 없다.

마하끄로데쓰와리(大忿怒自在母)의 밀의가 '옴 마하 끄로데쓰와리 쓰뜨왐(OṂ MAHĀ KRODHEŚVARĪ STVAṂ)'으로 출생하니, 이것에 의하여 법진(法塵)의 분별이 스스로 해탈함으로써, [다비할 때] 연기가 오른쪽으로 선회하며 오르고, 마하끄로데쓰와리와 분리됨이 없이 하나로 해탈한다.

붓다끄로데쓰와리(如來忿怒自在母)의 밀의가 '옴 붓다 끄로데쓰와리 쓰뜨왐(OṂ BUDDHA KRODHEŚVARĪ STVAṂ)'으로 출생하니, 이것에 의하여 색진(色塵)의 분별이 스스로 해탈함으로써, [다비할 때] 연기가 위쪽으로 선회하고, 붓다끄로데쓰와리와 분리됨이 없이 하나로 해탈한다.

바즈라끄로데쓰와리(金剛忿怒自在母)의 밀의가 '옴 바즈라 끄로데쓰와리 쓰뜨왐(OṂ VAJRA KRODHEŚVARĪ STVAṂ)'으로 출생하니, 이것에 의하여 성진(聲塵)의 분별이 스스로 해탈함으로써, [다비할 때] 연기가 동쪽으로 선회하고, 바즈라끄로데쓰와리와 분리됨이 없이 하나로 해탈한다.

라뜨나끄로데쓰와리(寶生忿怒自在母)의 밀의가 '옴 라뜨나 끄로데쓰와리 쓰뜨왐(OṂ RATNA KRODHEŚVARĪ STVAṂ)'으로 출생하니, 이것에 의하여 향진(香塵)의 분별이 스스로 해탈함으로써, [다비할 때] 연기가 남쪽으로 선회하고, 라뜨나끄로데쓰와리와 분리됨이 없이 하나로 해탈한다.

빠드마끄로데쓰와리(蓮花忿怒自在母)의 밀의가 '옴 빠드마 끄로데쓰와리 쓰뜨왐(OṂ PADMA KRODHEŚVARĪ STVAṂ)'으로 출생하니, 이것에 의하여 미진(味塵)의 분별이 스스로 해탈함으로써, [다비할 때] 연기가 서쪽으로 선회하고, 빠드마끄로데쓰와리와 분리됨이 없이 하나로 해탈한다.

까르마끄로데쓰와리(羯磨忿怒自在母)의 밀의가 '옴 까르마 끄로데쓰와리 쓰뜨왐(OṂ KARMA KRODHEŚVARĪ STVAṂ)'으로 출생하니, 이것에 의하여 촉진(觸塵)의 분별이 스스로 해탈함으로써, [다비할 때] 연기가 북쪽으로 선회하고, 까르마끄로데쓰와리와 분리됨이 없이 하나로 해탈한다.

열두 명의 헤루까 주존들의 밀의가 그들의 마음을 열치고 스스로 출생하니, 이 심오한 밀의에 의해서 번뇌의 분별 더미들이 스스로 해탈함으로써, 오종성불의 세계에 태어남에 자재함을 얻는다.

• 여덟 마따라(本母) 여신들의 종자진언으로 '하 하 하 하 하 하 하 하(HA HA HA HA HA HA HA HA)'의 자생의 여덟 인자문자가 출현하였다. 여덟 가지 알

음이(八識)의 분별들이 스스로 해탈함으로써, [다비할 때] 불꽃이 오른쪽으로 선회하며 방사한다.

백색의 가우리(具藏忿怒母) 여신의 밀의가 '옴 바즈라 가우리 하(OṂ VAJRA GAURĪ HA)'로 출현하니, 번뇌의 분별을 파괴한다.

황색의 짜우리(匪賊忿怒母) 여신의 밀의가 '옴 바즈라 짜우리 하(OṂ VAJRA CAURĪ HA)'로 출현하니, 육도의 유정들을 상계로 이주시킨다.

적색의 쁘라모하(大癡忿怒母) 여신의 밀의가 '옴 바즈라 쁘라모하하(OṂ VAJRA PRAMOHĀ HA)'로 출현하니, 육도에 떨어지지 않게 구출한다.

녹색[103)]의 웨딸리(起尸忿怒母) 여신의 밀의가 '옴 바즈라 웨딸리 하(OṂ VAJRA VETĀLĪ HA)'로 출현하니, 불변하는 법성의 밀의 속에서 해탈케 한다.

적황색의 뿍까씨(熏香忿怒母) 여신의 밀의가 '옴 바즈라 뿍까씨 하(OṂ VAJRA PUKKAŚĪ HA)'로 출현하니, 번뇌의 상태에서 전이시킨다.

암녹색의 가쓰마리(鄙賤忿怒母) 여신의 밀의가 '옴 바즈라 가쓰마리 하(OṂ VAJRA GHASMARĪ HA)'로 출현하니, 윤회의 처소에서 구

103) 원문은 암녹색이나 문맥에 맞춰 녹색으로 고쳤다.

출한다.

담황색의 짠달리(凶猛忿怒母) 여신의 밀의가 '옴 바즈라 짠달리 하(OṂ VAJRA CAṆḌĀLĪ HA)'로 출현하니, 번뇌와 삿된 분별에서 떼어 놓는다.

흑청색의 쓰마쌰니(尸林忿怒母) 여신의 밀의가 '옴 바즈라 쓰마쌰니 하(OṂ VAJRA ŚMAŚĀNĪ HA)'로 출현하니, 번뇌의 의지처에서 벗어나게 한다.

이들 여덟 명의 가우리 여신들의 밀의에 의해서 윤회의 상태에서 벗어나며, [다비할 때] 불꽃이 오른쪽으로 선회하며 오른다.

• 여덟 명의 삐쌰찌(鬼母) 여신들의 종자진언으로 '헤 헤 헤 헤 헤 헤 헤 헤(HE HE HE HE HE HE HE HE)'의 자생의 여덟 인자문자가 출현하였다. 여덟 대경(八境)의 분별이 스스로 해탈함으로써, [다비할 때] 불꽃의 사슬이 방출된다.

씽하무카(獅面忿怒母) 여신의 밀의가 '옴 바즈라 씽하무키 헤(OṂ

VAJRA SIṂHAMUKHĪ HE)'로 출현하니, 윤회의 상태에서 청정하게 한다.

브야그리무카(虎面忿怒母) 여신의 밀의가 '옴 바즈라 브야그리무키 헤(OṂ VAJRA VYĀGHRĪMUKHĪ HE)'로 출현하니, 윤회가 본래 청정토록 한다.

쓰르갈라무카(狐面忿怒母) 여신의 밀의가 '옴 바즈라 쓰르갈라무키 헤(OṂ VAJRA ŚṚGĀLAMUKHĪ HE)'로 출현하니, 번뇌의 근원을 청정하게 한다.

쓰와나무카(狼面忿怒母) 여신의 밀의가 '옴 바즈라 쓰와나무키 헤(OṂ VAJRA ŚVĀNAMUKHĪ HE)'로 출현하니, 윤회의 구덩이를 파괴한다.

그리드라무카(鷲面忿怒母) 여신의 밀의가 '옴 바즈라 그르드라무키 헤(OṂ VAJRA GṚḌHRAMUKHĪ HE)'로 출현하니, 삼독을 뿌리째 자른다.

깡까무카(吃尸鳥面忿怒母) 여신의 밀의가 '옴 바즈라 깡까무키 헤(OṂ VAJRA KAṄKAMUKHĪ HE)'로 출현하니, 윤회의 구덩이에서 구출한다.

까까무카(烏面忿怒母) 여신의 밀의가 '옴 바즈라 까까무키 헤(OṂ VAJRA

KĀKAMUKHĪ HE)'로 출현하니, 번뇌를 [제법이] 유희하는 법계에서 청정하게 한다.

울루무카(梟面忿怒母) 여신의 밀의가 '옴 바즈라 울루무키 헤(OṂ VAJRA ULŪMUKHĪ HE)'로 출현하니, 삿된 분별의 의지처에서 벗어나게 한다.

이들 여덟 명의 삐쌰찌 여신들의 밀의에 의해서 여덟 대경의 분별에서 해탈한다.

• 네 수문천녀의 종자진언으로 '자 훔 왐 호(JAḤ HŪṂ VAṂ HOḤ)'의 자생의 네 인자문자가 출현하니, 4가지 탄생의 문을 파괴한 뒤, 사무량(四無量)이 마음에 일어난다.

말머리를 한 백색의 앙꾸쌰(金剛鐵鉤母) 여신의 밀의가 '옴 바즈라 앙꾸쌰 자(OṂ VAJRA AṄKUŚA JAḤ)'로 출현하니, 윤회의 처소에서 구출한다.

돼지머리를 한 황색의 빠쌰(金剛絹索母) 여신의 밀의가 '옴 바즈라 빠쌰 훔(OṂ VAJRA PĀŚĀ HŪṂ)'으로 출현하니, 삿된 분별을 결박한다.

사자머리를 한 적색의 쓰릉칼라(金剛鐵鏈母)[104] 여신의 밀의가 '옴 바즈라 쓰뽀따 왐(OṂ VAJRA ŚṚṄKHALĀ VAṂ)'으로 출현하니, 무명의 번뇌를 구속한다.

뱀 머리를 한 녹색의 간따(金剛振鈴母) 여신의 밀의가 '옴 바즈라 간따 호(OṂ VAJRA GHAṆṬĀ HOḤ)'로 출현하니, 오독(五毒)의 분별을 파괴한다.

• 스물여덟 명의 갖가지 동물머리를 한 이쓰와리(自在天母) 여신들의 종자진언으로, '뵤 뵤(BHYOḤ BHYOḤ)'[105]의 자생의 스물여덟 인자

104) 원문은 '쓰뽀따(ŚṚṄKHALĀ)'이나 본서에서는 쓰릉칼라'로 통일하였다.
105) 종자진언 '뵤(BHYOḤ)'는 누이동생을 뜻하는 바기니(Bhagini)와 아내를 뜻하는 바라야(Bharayā) 두 단어의 합성어로, 그녀들을 출생시키는 종자진언이기도 하다.

문자가 출현한다. 이것에 의해서 착란의 분별 더미들이 정화됨으로써, [다비할 때] 소리와 빛과 광선 셋이 출현한다.[106)]

[야크(牦牛) 머리에 선혈의 해골 잔을 들고 있는 담갈색 몸빛의] 마누락샤씨(牦牛面人羅刹母) 여신의 밀의가 '옴 마누락샤씨 뵤(OṂ MANURĀKṢASĪ BHYOḤ)'로 출현한다.

[뱀 머리에 연꽃을 들고 있는 담황색 몸빛의] 브라흐마니(蛇面梵天母) 여신의 밀의가 '옴 브라흐마니 뵤(OṂ BRAHMĀṆĪ BHYOḤ)'로 출현한다.

[표범 머리에 삼지창을 들고 있는 담녹색 몸빛의] 라우드리(豹面鄔摩天母) 여신의 밀의가 '옴 라우드리 뵤(OṂ RAUDRĪ BHYOḤ)'로 출현한다.

[곰 머리에 금강저를 들고 있는 하얀 몸빛의] 인드라니(熊面帝釋天母) 여신의 밀의가 '옴 인드라니 뵤(OṂ INDRĀṆĪ BHYOḤ)'로 출현한다.

106) 저자의 대본과 여타의 판본에는 실제로 28명의 이쓰와리 여신들 가운데서 18명의 진언만이 기록되어 있는 관계로, 『분노금강권속총집(忿怒金剛眷屬總集續)』(데게, 古怛特羅 No.831)에서 보궐하였다.

[마웅(馬熊) 머리에 단창을 들고 있는 담홍색 몸빛의] 까우마리(馬熊面童女天母) 여신의 밀의가 '옴 까우마리 뵤(OṂ KAUMĀRĪ BHYOḤ)'로 출현한다.

[몽구스 머리에 법륜을 들고 있는 담청색 몸빛의] 와이스나위(鼬面遍入天母) 여신의 밀의가 '옴 와이스나비 뵤(OṂ VAIṢṆĀVĪ BHYOḤ)'로 출현한다.

[박쥐 머리에 계도를 들고 있는 황색 몸빛의] 바즈라삥갈라(飛鼠面金剛天母) 여신의 밀의가 '옴 바즈라 삥갈라 뵤(OṂ VAJRA PIṄGALĀ BHYOḤ)'로 출현한다.

[마까라(摩羯) 머리에 보병을 들고 있는 적황색 몸빛의] 싸우미(摩羯面寂靜天母) 여신의 밀의가 '옴 싸우미 뵤(OṂ SAUMĪ BHYOḤ)'로 출현한다.

[전갈 머리에 연꽃을 들고 있는 적황색 몸빛의] 암르띠(全蠍面甘露天母) 여신의 밀의가 '옴 암르따 뵤(OṂ AMṚTĀ BHYOḤ)'로 출현한다.

[여우 머리에 곤봉을 들고 있는 녹황색 몸빛의] 단다니(狐面執棍天母) 여신의 밀의가 '옴 단다니 뵤(OṂ DAṆḌAṆĪ BHYOḤ)'로 출현한다.

[호랑이 머리에 선혈의 해골 잔을 들고 있는 암황색 몸빛의] 락샤씨(虎面羅刹天母) 여신의 밀의가 '옴 락샤씨 뵤(OṂ RĀKṢASĪ BHYOḤ)'로 출현한다.

[독수리 머리에 곤봉을 들고 있는 적록색 몸빛의] 박샤씨(鷲面食呑天母) 여신의 밀의가 '옴 박샤씨 뵤(OṂ BHAKṢASĪ BHYOḤ)'로 출현한다.

[말 머리에 시체를 들고 있는 적색 몸빛의] 라띠(馬面歡喜天母) 여신의 밀의가 '옴 라띠 뵤(OṂ RATĪ BHYOḤ)'로 출현한다.

[금시조 머리에 곤봉을 들고 있는 담홍색 몸빛의] 루디라마디(金翅鳥面醉血天母) 여신의 밀의가 '옴 루디라마디 뵤(OṂ RUDHIRAMADĪ BHYOḤ)'로 출현한다.

[개 머리에 금강저를 들고 있는 적색 몸빛의] 에까짜라니-락샤씨(狗面獨行羅刹天母) 여신의 밀의가 '옴 에까짜라니 뵤(OṂ EKACĀRAṆĪ BHYOḤ)'로 출현한다.

[관모조(冠毛鳥) 머리에 활과 화살을 들고 있는 적색 몸빛의] 마노하리까(冠毛鳥面奪魂天母) 여신의 밀의가 '옴 마노하리까 뵤(OṂ MANOHĀRIKĀ BHYOḤ)'로 출현한다.

[사슴 머리에 보병을 들고 있는 적록색 몸빛의] 씻디까리(鹿面成就天母) 여신의 밀의가 '옴 씻디까리 뵤(OṂ SIDDHIKARĪ BHYOḤ)'로 출현한다.

[늑대 머리에 깃발을 들고 있는 청록색 몸빛의] 와유데비(狼面風神天母) 여신의 밀의가 '옴 와유데비 뵤(OṂ VĀYUDEVĪ BHYOḤ)'로 출현한다.

마하마라나(大死天母)[107] 여신의 밀의가 '옴 마하마라나 뵤(OṂ MAHĀMĀRAṆĀ BHYOḤ)'로 출현한다.

[야생면양 머리에 쓟라(貫戟)를 들고 있는 적록색 몸빛의] 아그나이(野羊面火神天母) 여신의 밀의가 '옴 아그나이 뵤(OṂ AGNĀYĪ BHYOḤ)'로 출현한다.

[돼지 머리에 송곳니가 달린 밧줄을 들고 있는 암녹색 몸빛의] 와라히(猪面繩亥天母) 여신의 밀의가 '옴 와라히 뵤(OṂ VĀRĀHĪ BHYOḤ)'로 출현한다.

[작은 까마귀 머리에 어린아이 시체를 들고 있는 적록색 몸빛의]

107) "갸착딕딥랑돌(정맹백존의 예배를 통한 자연해탈)" 등에서는 마하마라나 대신에 짠드라(鷹面白月天母)여신이 등장한다.

짜문디(小烏面作老天母)여신의 밀의가 '옴 짜문디 뵤(OṂ CĀMUṆḌĪ BHYOḤ)'로 출현한다.

[코끼리 머리에 시체를 들고 있는 암녹색 몸빛의] 부자나(象面大鼻天母) 여신의 밀의가 '옴 부자나 뵤(OṂ BHUJANĀ BHYOḤ)'로 출현한다.

[뱀 머리에 뱀 올가미를 들고 있는 녹색 몸빛의] 와루나니(蛇面水神天母) 여신의 밀의가 '옴 와루나니 뵤(OṂ VĀRUṆANĪ BHYOḤ)'로 출현한다.

[뻐꾸기 머리에 쇠갈고리를 들고 있는 백색 몸빛의] 마하깔리(杜鵑面金剛大黑天母) 여신의 밀의가 '옴 마하깔리 뵤(OṂ MAHĀKĀLĪ BHYOḤ)'로 출현한다.

[염소 머리에 올가미를 들고 있는 황색 몸빛의] 마하차갈라(山羊面金剛大羱天母) 여신의 밀의가 '옴 마하차갈라 뵤(OṂ MAHĀCHĀGALĀ BHYOḤ)'로 출현한다.

[사자 머리에 쇠사슬을 들고 있는 홍색 몸빛의] 마하꿈바까르니(獅面金剛大雜瓶天母) 여신의 밀의가 '옴 마하꿈바까르니 뵤(OṂ MAHĀKUMBHAKARṆĪ BHYOḤ)'로 출현한다.

[뱀 머리에 금강령을 들고 있는 녹색 몸빛의] 바즈라 람보다라(金剛大腹天母) 여신의 밀의가 '옴 바즈라 람보다라 뵤(OṂ VAJRA LAMBODARĀ BHYOḤ)'로 출현한다.

스물여덟 명의 이쓰와리(Iśvarī) 여신들의 밀의에 의해서 바르도의 착란의 환영들이 스스로 정화됨으로써, 의식전이가 일어날 때 소리와 빛과 광선, 불과 연기가 발생한다.

• 에 마 호! 사마(四魔)를 정복하고 스스로 해탈하는 [만다라의 네 문을 수호하는] 네 분노명왕의 심오한 자생의 밀의가, 걸림 없이 울부짖는 사자의 포효처럼 다음과 같이 출생하였다.

[꾸마라깔라쌰(童子寶瓶明王)의 밀의가] '옴 바즈라 끄로다 께마 께리 까리마쓰따 발리 발리 아따 에까라쑬리 바싸띠 에닐라닐라 까에비나 아비씬짜(OṂ VAJRA KRODHA KYEMA KYERI KARIMASTA BHALI BHALI ATA EKARASULI BHASATI ENILANILA KĀEBINA ABHISIÑCA)'로 출현한다. 사자의 포효로써 오온마(五蘊魔)를 절복하는 붓다꾸마라깔라쌰(佛童子寶瓶明王)의 몸과 둘이 아닌 하나로 녹아든 뒤, 자생의 법계에서 해탈한다.

[야만따가-바즈라헤루까(閻魔敵金剛飮血明王)의 밀의가] '옴 바즈라 끄로다 마하무드라 즈냐나 오자쓰와 훔 쓰파라나 팻 쓰와하(OṂ VAJRA KRODHA MAHĀMUDRA JÑĀNA OJASVĀ HŪṂ SPHARAṆA PHAṬ SVĀHĀ)'로 출현한다. 사자의 포효로써 번뇌마(煩惱魔)를 절복하는 바즈라 헤루까(金剛飮血明王)의 몸과 둘이 아닌 하나로 녹아든 뒤 성불한다. 오독의 가장자리에서 스스로 해탈한 뒤, 화신과 재화신(再化身)을 현시해서 중생의 이익을 수행한다.

[암르따꾼달리(甘露旋明王)의 밀의가] '옴 바즈라 끄로다 암르따꾼달리 훔 친다친다 빈다빈다 하나하나 다하다하 빠짜빠짜 훔 팻(OṂ VAJRA KRODHA AMṚTAKUṆḌALĪ HŪṂ CHINDHA CHINDHA BHINDHA BHINDHA HANA HANA DAHA DAHA PACA PACA HŪṂ PHAṬ)'으로 출현한다. 사자의 포효로써 천자마(天子魔)를 절복하는 암르따꾼달리(甘露旋明王)의 몸과 둘이 아닌 하나로 녹아든 뒤 성불한다. 악도의 고통에서 스스로 해탈한 뒤, 여래의 사업을 차별 없이 성취한다.

[하야그리와(馬頭明王)의 밀의가] '옴 바즈라 끄로다 하야그리와 흐리 싸르와 따타가따 마하빤짜 옴 아유르 즈냐나 마하뿌녜 띠스타 옴(OṂ VAJRA KRODHA HAYAGRIVA HRĪḤ SARVA TATHĀGATA MAHĀPAÑCA OṂ ĀYUR JÑĀNA MAHĀPUṆYE TIṢṬA OṂ)'으로 출현한다. 사자의 포효로써 사마(死魔)를 절복하는 세존 하야그리와(馬頭明王)의 수명성취를 얻은 뒤, 대락(大樂)의 법성 속에 머물며, 무명

의 번뇌를 발본하고, 오독을 버림 없이 본자리에서 해탈한다.

[네 명왕의 밀의에 의해서] 무시이래의 윤회의 습기와 사마(四魔)를 파괴한 뒤, 여래의 사신(四身)을 증득하여 해탈함으로써, [다비할 때] 경이로운 영골과 무지개와 광명과 사리가 출현한다.
[이들 60명의 헤루까들의 밀의에 의해서 착란과 분별의 무더기가 본래 청정 속에서 스스로 해탈함으로써, 소리와 빛과 광선과 그리고 화염과 연기가 오른쪽으로 선회하고, 무지개의 광명과 경이로운 영골과 사리, 여타의 상서로운 징표들이 출현한다.][108]

• 에 마 호! 육도의 유정들을 법계에서 해탈시키는 종자진언인 화신의 걸림 없는 밀의가 '흐아 아 하 쌰 싸 마(ḤA A HA ŚA SA MA)'의 여섯 문자[109]로 출현하였다. 생멸을 여읜이 심오한 밀의는 육도의 중생들을 법계에서 해탈시키는 여섯 자생의 진언명점(眞言明点)이다. 그러므로 [다비할 때] 허다한 작은 사리들과 갖가지 무지개의 광명들이 출현한다.

108) 이 구절은 규르메 도제의『The Tibetan Book Of The Dead』에서 인용하여 보궐하였다.
109) 이 여섯 문자는 육도를 파괴하고 해탈시키는 심오한 진언이다.『틱레쌍와데코니(秘密眞性明点續)』에서, "법성의 흐아(ḤA)와 일체법의 아(A), 지혜의 하(HA)와 반야의 쌰(ŚA), 불변하는 본질의 싸(SA)와 평등성의 문자 마(MA)이다. 입을 맞대고 있는 여섯 문자의 금강의 소리와 희고 붉은 색실이 빛살로 뻗친다"고 설하였다.

• 에 마 호! 청정한 백부종성(百部種姓)의 심오한 밀의가 비밀의 백자진언(百字眞言)이며, 금강살타의 각성의 법계에서 자생의 진언문자로 다음과 같이 출생하였다.

옴 바즈라 싸뜨와 싸마야 마누 빨라야, 바즈라 싸뜨와 뜨에노 빠띳타, 드리도 메 바와, 쑤또쑈 메 바와, 쑤뽀쑈 메 바와, 아누락또 메 바와, 싸르와 씻딤 메 쁘라얏차, 싸르와 까르마 쑤짜 메 찟땀 쓰리얌 꾸루 훔, 하 하 하 하 호 바가완 싸르와 따타가따, 바즈라 마 메 문짜, 바즈라 바와, 마하 싸마야 싸뜨와 아:

OṂ VAJRA SATTVA SAMAYA MANU PĀLAYA VAJRA SATTVA TVENO PATIṢṬHA DṚḌHO ME BHAVA SUTOṢYO ME BHAVA SUPOṢYO ME BHAVA ANURAKTO ME BHAVA SARVA SIDDHIṂ ME PRAYACCHA SARVA KARMA SUCA ME CITTAṂ ŚRIYAṂ KURU HŪṂ HA HA HA HA HA HO BHAGAVĀN SARVA TATHĀGATA VAJRA MĀ ME MUÑCA VAJRA BHAVA MAHĀ SAMAYA SATTVA ĀḤ

백부종성의 밀의가 하나로 모아진 이 비밀진언에 의해서, 서언의 어김과 죄장들을 버림 없이 스스로 해탈함으로써, [다비할 때] 경이로운 영골과 무지개와 광명과 빛살들이 출현하고, 법성의 소리가 삼계에 진동한다.

• 에 마 호! 무생(無生)의 법계에서 해탈케 하는, 최승의 모음주[110)]가 자생의 16문자로 다음과 같이 출현하였다.

아 아- 이 이- 우 우- 리 리- 리 리- 에 아이 오 아우 암 아(A Ā I Ī U Ū Ṛ Ṝ Ḷ Ḹ E Ai O AU AṂ AḤ)

이들 여덟 쌍의 불생(不生)의 16문자가 불멸의 금강소리를 발출하고, [다비할 때] 하늘이 청명하게 된다.

• 에 마 호! 불멸(不滅)의 법계 속에서 해탈시키는, 최승의 자음주[111)]가 자생의 34문자로 다음과 같이

110) 16모음주(母音呪)는 42적정존들 가운데 싸만따바드라를 비롯한 육도의 여섯 붓다들을 출생하는 종자진언이 된다. 약설하면, 모음 아(A)는 제법이 생함이 없는 진여법계로 싸만따바드리(보현불모)의 종자진언이다. 끄샤(KṢA)는 제법이 두루 다하고 사의가 끊어진 청정한 지혜로 싸만따바드라(보현여래)의 종자진언이다. 이(I)는 모든 천신들을 교화하는 천상계의 붓다 인드라샤따그라뚜의 종자진언이다. 우(U)는 인간계의 붓다 샤꺄씽하(석가사자)의 종자진언이다.

111) 34자음주(子音呪)는 오종성불을 비롯한 남녀보살들과 사대명왕들의 종자진언이다. 예를 들면, 자음 타(ṬHA)는 식온(識蘊)의 진실을 통달하는 문으로 비로자나불의 종자진언이다. 따(ṬA)는 색온(色蘊)의 진실을 통달하는 문으로 금강살타[부동여래]의 종자진언이다. 다(ḌA)는 수온(受蘊)의 진실을 통달하는 문으로 보생여래의 종자진언이다. 다(ḌHA)는 상온(想蘊)의 진실을 통달하는 문으로 아미타불의 종자진언이다. 나(ṆA)는 행온(行蘊)의 진실을 통달하는 문으로 불공성취불의 종자진언이 됨과

출현하였다.

까 카 가 가 응아, 짜 차 자 자 냐, 따 타 다 다 나, 따 타 다 다 나, 빠 파 바 바 마, 야 라 라 와, 쌰 샤 싸 하 끄샤 (KA KHA GA GHA ṄA, CA CHA JA JHA ÑA, ṬA ṬHA ḌA ḌHA ṆA, TA THA DA DHA NA, PA PHA BA BHA MA, YA RA LA VA, ŚA ṢA SA HA KṢA)

이들 연속부절하는 여덟 절의 34문자가 불멸의 금강소리를 발출한다. 이 영구불변하는 가르침의 의취에 의해서, [다비할 때] 무지개와 광명과 사리가 출현한다.

• 에 마 호! 제법의 상속을 [단절하여] 해탈시키는, 최승의 연기장진언[112)]이 자생의 39문자로 다음과

같다. 더 상세한 설명은 출간 준비 중인 『티베트 사자의 서의 연구』를 참고하기 바란다.

112) 이 연기장진언(緣起藏眞言)의 뜻은 "모든 법들은 원인으로부터 발생한다. 그 원인을 여래께서 말씀하셨다. 그것을 없애는 그러한 법을, 큰 사문(沙門)께서 이와 같이 말씀하셨다"이다. 부연하면, 원인에서 발생한 제법이란 십이인연 가운데 식(識), 명색(名色), 육입(六入), 촉(觸), 수(受), 생(生), 노사(老死) 일곱 가지이다. 그 원인은 무명(無明), 애(愛), 취(取)의 번뇌 셋과 행(行), 유(有)의 업의 길 두 가지이다. 원인을 소멸하는 길은 사성제 가운데 열반의 진리인 멸제(滅諦)와 열반에 이르게 하는 길인 팔정도 등의 도제(道諦)이다. 또 원인에서 발생한 제법은 생로병사 등의 괴로움인 진리인 고제(苦諦)를, 그것의 원인은 모든 고통의 원인을 설명한 집제(集諦)를 말한다. 다시 말해, 연기장 진언은 십이연기를 통해 발생하

같이 출현하였다.

예 다르마 헤뚜 쁘라바와 헤뚬 떼샴 따타가또 흐야와다뜨 떼샴 짜 요 니로다 에왐 와디 마하쓰라마나 쓰와하(YE DHARMĀ HETU PRABHAVĀ HETUṂ TEṢĀṂ TATHĀGATO HYAVADATTEṢĀṂ CA YO NIRODHA EVAṂ VĀDĪ MAHĀŚRAMAṆAḤ SVĀHĀ)[113)]

이들 제법의 상속을 해탈시키는 12음절의 39문자가 불멸의 금강 소리를 발출하니, [다비할 때] 증식사리[114)]와 무지개와 광명들이 현란하게 일어난다.

• 여래의 [식멸(熄滅) · 증익(增益) · 회유(懷柔) · 주살(誅殺)의] 네 가지 사업을 보유하는 자생의 보궐진언이 다음과 같이 출현하였다.

쌴띰 꾸루예 쓰와하(ŚĀNTIṂ KURUYE SVĀHĀ) 질병과 귀난(鬼難)과 팔난(八難)과 죄장들 모두가 각성의 법계에서 소멸되게 하소서!

고 소멸하는 현상계의 순환도리를 밝히고, 그 윤회의 고리를 끊는 길인 사성제의 가르침을 진언화한 것이다.

113) 이것은 Thinlay Ram Shashni의 『도귀래중왜쑹악똘와(顯密眞言解說)』(Central Institute of Higher Tibetan Studies 간행)에서 보궐하였다.

114) 증식사리(增殖舍利)는 '펠둥(ḥPhel gduṅ)'의 옮김으로 영골이나 사리에서 자생으로 자라나는 자식 사리들을 말한다.

뿌스띰 꾸루예 쓰와하(PUṢṬIṂ KURUYE SVĀHĀ) 수명과 복덕과 국토들 모두가 각성의 법계에서 자라나게 하소서!

바썀 꾸루예 쓰와하(BAŚAṂ KURUYE SVĀHĀ) 삼보와 윤회와 열반 모두가 각성의 법계에 귀복되게 하소서!

마라야 팻 쓰와하(MĀRAYA PHAṬ SVĀHĀ) 원적과 마군, 오독과 삼독 모두가 각성의 법계에서 파괴되게 하소서!

제불여래의 모든 가르침들의 유일한 결정체[아들]인 이 자생의 밀의가 모든 중생들의 이익을 위하여 스스로 출생하였다. 여의주와 같은 이 신묘한 도리에 의해서 금생에 온갖 소망들을 이루고, 내생에는 반드시 성불한다.

딱돌을 그리는 법

이 원형의 진언 만다라를 네 손가락 넓이의 상품의 푸른 감색 종이 위에다 붓다의 색깔인 금물로 정자로 정결하게 쓰라. 위 아래가 뒤집힘이 없이 바로 한 뒤 비단으로 감싸라. 서언을 잘 받드는 청정한 요가사가 음력 8일 귀성(鬼星)[115]과 합하는 시간에 이것을 축복가지 한 뒤, [목숨이 다할 때까지] 몸에 걸거나 지니도록 하라.

이것에 의하여 가히 설명할 수 없는 선악의 2가지 업들이 자라난다. 그러므로 모든 유정들의 이익을 위하여 모든 선업들은 부지런히 닦으며, [제법의] 무생(無生)을 수습토록 하라. 죄악은 비록 작은 것이라도 짓지 말라. 이와 같이 행하는 사람은 비록 이전에 오무간(五無間)의 죄업을 지었을지라도, 이것을 만남으로써 악도에 떨어지지 않는다. 또한 이것은 불법

115) 귀수(鬼宿)라고도 하며, 이십팔수의 스물세 번째 별자리의 별이다. 대한(大寒) 때 해가 뜨고 질 무렵에 천구(天球)의 정남쪽에 나타난다고 한다.

을 닦지 않고도 성불하는 법이라 딱돌(몸에 걸침을 통한 자연해탈)이라 부른다.

이 진언 만다라를 보는 이는 누구나 성불함으로써 통돌(보는 것을 통한 자연해탈)이라 부른다. 이것을 접촉하는 이는 누구나 성불함으로써 렉돌(접촉을 통한 자연해탈)이라 부른다. 이것을 낭송하는 소리를 듣는 이는 누구나 성불함으로써 퇴돌(들음을 통한 자연해탈)이라 부른다. 이것을 낭송하는 숨결이 닿는 이는 누구나 성불함으로써 초르돌(느낌을 통한 자연해탈)이라 부른다.

이것을 보지 않은 붓다는 과거에도 하나도 없었으며, 또한 미래에도 하나도 없다. 그러므로 이것은 모든 가르침의 정수이다. 이것을 사경한 것을 보는 이들은 누구나 성불하게 된다. 그러므로 서사하여 몸에 지니도록 하라. 이것을 독송하고 여법하게 사유토록 하라. 그리하여 그 의취를 완전하게 통달토록 하라.

숙세의 선근이 없는 자들에겐 이것을 비밀로 하여 은닉하라. 왜냐하면 공덕을 쌓지 못한 자들은 이것을 마음에 수용하지 못하기 때문이다. 만약 이것을 훼방하면 지옥에 떨어지니, 마치 아귀에겐 음식이 불로 보임과 같다. 그렇기에 이것은 비밀의 교계이며, 선근자의 경계이다.

이것을 만나기는 진실로 어렵고, 만나도 마음에 받아들이기는 더욱 어렵다. 그러므로 이것을 만나는 자는 누구든 환희로운 마음을 일으키고 공손히 받아 지니도록 하라. 임종 시에도 이것을 몸에서 분리시키지 말라. [다비 시에도 이것을 몸에서 분리시키지 말라.] 이것을 보고, 듣고, 억념하고, 접촉함을 통해서 해탈하게 된다.

이것으로 정맹백존의 밀의를 하나로 모은 「몸에 걸침을 통한 오온의 자연해탈」을 완결한다. 싸마야! 갸! 갸! 갸!

이것을 만나는 요가행자는 이익이 크도다. 윤회의 세간이 다할 때까지 이 심오한 가르침도 또한 끝나지 않는다.

이것을 정결히 사경하여 가지한 힘에 의해서 악업과 죄장이 남김없이 정화되고, 살덩이의 육신이 무지개의 몸으로 바뀌게 하소서!

바르도에서 닦지 않고 해탈하는 법

딱돌해설서

2 쇄 발행 | 불기 2565년 6월 17일
3 쇄 발행 | 불기 2567년 9월 11일

역 저 | 중암 선혜
펴낸인 | 강창희
펴낸 곳 | 금빛소리
등 록 | 2019년 7월 30일(제716-97-00556호)
주 소 | 25936 강원도 삼척시 근덕면 양리길 140
전 화 | 010-7141-8508

ISBN 979-11-968038-1-0

* 책값은 뒤표지에 있습니다.
* 잘못 만들어진 책은 구입하신 서점에서 교환해 드립니다.